全国职业教育"十三五"规划教材

汽车电器与线路检修实训指导书

（含实训操作工单）

主　编　江　舸　包　强
副主编　刘俊刚　刘　备
主　审　上官兵

北京交通大学出版社

·北京·

内 容 简 介

本书以常用的汽车电器为重点，紧密结合现代汽车新技术的应用，实训中所介绍和使用的汽车电器均是目前较先进的装车元件，具有很强的代表性。对电路的讲解、实际的操作均从基本原理出发，且言简意赅，在突出实际操作的同时，也强调学生掌握电路原理的重要性，重点培养学生识图、电路连接和电路分析检修的能力，为以后接触千变万化的实车电路打下理论基础。以工单形式明示学生应完成的任务，使他们明确每一步工作的目的和要求，同时也便于指导教师检查、考核学生的实训进程和结果。

本书由实训指导书和实训操作工单组成，根据汽车电器与线路组成各系统特点将其分成 12 个实训项目，在项目中对其相应系统的工作原理进行了简明扼要的介绍，以便于学生在教师的提示下快速阅读和理解；按实训项目制定的实训操作工单则用于教师布置实训任务并引导学生进行实操，同时可用作教学资料保存。

本书阐述简明扼要、实训任务明确、可操作性强，适用于高职和中职汽车维修类专业学生实训使用，也适合汽车维修从业人员学习参考，同时也可作为汽车电器一体化教学的课堂教材。

图书在版编目（CIP）数据

汽车电器与线路检修实训指导书：含实训操作工单／江舸，包强主编. —北京：北京交通大学出版社，2017.9

ISBN 978-7-5121-3330-3

Ⅰ.① 汽… Ⅱ.① 江… ② 包… Ⅲ.① 汽车-电气设备-车辆修理 Ⅳ.① U472.41

中国版本图书馆 CIP 数据核字（2017）第 197443 号

汽车电器与线路检修实训指导书
QICHE DIANQI YU XIANLU JIANXIU SHIXUN ZHIDAOSHU

策划编辑：李运文
责任编辑：陈跃琴　　助理编辑：陈可亮
出版发行：北京交通大学出版社　　　　　电话：010-51686414　　http://www.bjtup.com.cn
地　　址：北京市海淀区高粱桥斜街 44 号　邮编：100044
印 刷 者：北京鑫海金澳胶印有限公司
经　　销：全国新华书店
开　　本：185 mm×260 mm　　印张：7.75　　字数：247 千字　　插页：2.25 印张
版　　次：2017 年 9 月第 1 版　　2017 年 9 月第 1 次印刷
书　　号：ISBN 978-7-5121-3330-3/U·275
印　　数：1~2 000 册　　定价：30.00 元

本书如有质量问题，请向北京交通大学出版社质监组反映。对您的意见和批评，我们表示欢迎和感谢。
投诉电话：010-51686043，51686008；传真：010-62225406；E-mail：press@bjtu.edu.cn。

前　言

　　技能的训练是职业教育真正的主题，科学的训练更是技能速成的关键所在。要实现科学的训练除了具有专业技能的指导教师外，有一本适合学生掌握技能的教材显得尤为重要。

　　根据笔者多年从事实践教学的经验，学生在实训期间，对目前市面上常见的实训指导书中烦琐的叙述根本不感兴趣。指导教师在任课时发现，实训期间学生基本上不会看实训指导书。事实上，因为有指导教师的现场指导，对实训内容过多的叙述完全是多余的。因此本书将弱化内容介绍，强化实训指导，并以实训项目的形式加以引导，以工单式考核的形式加以驱动，从而提高学生的学习积极性和训练的主动性。

　　为此我们特意组织了一批长期坚守在教学一线的教师，编写了《汽车电器与线路检修实训指导书》。我们严格按照实训操作的步骤和注意事项，由简到繁、层层递进地将电器构架导入到学习模块中去，引导学生更加清晰和主动地学习。该书有以下特点：

　　（1）打破了传统教材的章节体例，以专项能力培养为模块确定知识目标和技能目标，使实训过程实现"知行一体，理实合一"，一个项目模块对应一个知识点，同时也是一个培训任务，重点突出，任务明了。

　　（2）注重方法论的教学思想，倡导"授人以鱼，不如授人以渔"。教材是教学之本，决不能简单地、狭隘地认为技能实训就是学生的实际操作。技能实训教材要以传授经过提炼、加工和升华的经验为主，引导学生去做，而不是教学生去做。

　　（3）教材内容更加直观，图文并茂、直观清晰、便于自学，语言文字表达简洁明了、明快易懂。本书突出实践教学的特点，从基本识别能力开始，通过由简到难的拆装和检修实训，重点培养学生基本拆装和检修能力，同时也训练学生综合检测能力。

　　（4）由于有明确的项目和工单，贴近生产性，任务导向性强；由于有工单式考核，驱动性强，这一特点必将极大地提高学生学习的积极性和主动性。

　　（5）为达到理想的实训效果，建议每组实训人数不超过4人。如果实训设备不足，可与其他实训课程配合，交替进行实训。

　　本书由湖北交通职业技术学院江舸、包强主编，刘俊刚、刘备任副主编，上官兵主审，蒋述军、姜松舟、杨珺、刘杰也参加了本书的编写。其中实训用工具及图纸介绍、项目1～3、项目6～8由江舸、包强编写，项目4、项目5由刘俊刚、刘备编写，项目9～12由蒋述军、姜松舟、杨珺、刘杰编写。

　　由于时间仓促，再加上汽车技术日新月异，本书中难免存在疏漏和不当之处，恳请专家、同仁和读者谅解与批评指正。

编　者

2017 年 8 月

目　　录

实训用工具及图纸介绍

1. 实训用工具介绍

1) 万用表功能介绍

以 MAS830L 型数字万用表为例，主要功能介绍如下。

① 显示器：最大显示数 1 999，字高 15 mm。

② 直流电压：200 mV/2 V±0. 5%，20 V/200 V/600 V±0. 8%。

③ 电阻：200 Ω/2 kΩ/20 kΩ/200 kΩ/2 MΩ±1. 0%。

④ 直流电流：200 μA/2 mA/20 mA±1. 0%，200 mA±2. 0%，10 A±3. 0%。

⑤ 交流电压：200 V/600 V±1. 5%。

⑥ 晶体管 hFE 测试：1～1 000。

⑦ 二极管测试。

⑧ 数据保持。

⑨ 背景光。

⑩ 通断测试。

2) 万用表实物及挡位介绍

万用表实物及挡位介绍见图 0-1。

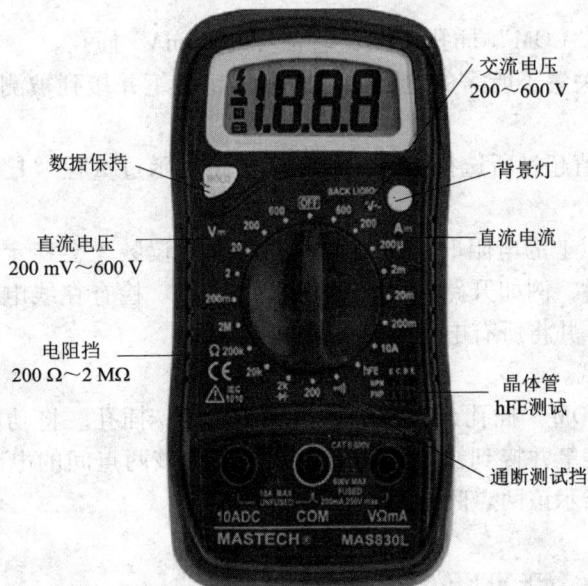

图 0-1　万用表实物及挡位介绍

3）使用方法

（1）直流电压测量。

① 将红表笔插入"VΩmA"插孔，黑表笔插入"COM"插孔。

② 将功能量程开关置于 V 量程范围，并将测试笔连接到待测电源或负载上，红表笔所接端的极性将同时显示于显示器上。

③ 如果被测电压范围事先未知，应将功能量程开关置于最大量程，然后逐渐降低直至取得满意的分辨力。

④ 如果显示器只显示"1"，这表示已经过量程，功能量程开关应置于更高量程。

⑤ 不要输入高于 600 V 的电压，显示更高电压是可能的，但有损坏仪表内部线路的危险。在测量高电压时，要特别注意避免触电。

（2）直流电流测量

① 将黑表笔插入"COM"插孔，当被测电流不超过 200 mA 时，红表笔插入"VΩmA"插孔。

② 如果被测电流在 200 mA 和 10 A 之间，则将红表笔插入"10 A"插孔，将功能量程开关置于所需的电流量程位置，并将测试表笔串联接入到待测负载上，电流值显示的同时将显示红表笔连接的极性。

③ 如果被测电流范围事先未知，应将功能量程开关置于最大量程，然后逐渐降低直至取得满意的分辨力。

④ 如果显示器只显示"1"，这表示已经过量程，功能量程开关应置于更高量程。

⑤ 测试笔插孔旁边的"10ADC"符号，表示最大输入电流是 200 mA 或 10 A 取决于所使用的插孔，过量的电流将烧坏保险丝。10 A 量程无保险丝保护。

（3）电阻测量。

① 将黑表笔插入"COM"插孔，红表笔插入"VΩmA"插孔。

② 将功能量程开关置于所需的电阻量程位置，将表笔并接到被测电阻上，从显示器上读取测量结果。

③ 如果被测电阻值超过所选择量程的最大值，将显示过量程"1"，此时应选择更高的量程。

④ 在测量 1 MΩ 以上的电阻时，可能需要几秒钟后读数才会稳定。这对于高阻值测量是正常的。当无输入时，例如开路情况，仪表显示"1"。检查在线电阻时，必须先将被测线路内所有电源关断，并将所有电容器充分放电。

（4）电路通断测试。

将黑表笔插入"COM"插孔，红表笔插入"VΩmA"插孔。将功能量程开关置于量程蜂鸣器示图位置，将表笔并接到被测电路的两点。如果该两点间的电阻低于约 1.5 kΩ，内置蜂鸣器会发出响声指示该两点间导通。

（5）晶体管测试。

① 将功能量程开关置于 hFE 位置。

② 判断被测晶体管是 PNP 还是 NPN 型，将基极、发射极和集电极分别插入仪表面板上晶体管测试插座的相应孔内。

③ 由显示器上读取 hFE 的近似值。测试条件为：$I_b = 10\ \mu A$，$V_{ce} = 3\ V$。

4）注意事项

① 仪表只能和所配备的测试笔一起使用才符合安全标准的要求。如测试笔破损需更换，必须换上同样型号或相同电气规格的测试笔。

② 切勿超过每个量程所规定的输入极限值。

③ 当仪表正在测量时，不要触及没有使用的输入端。

④ 在不能确定被测量的大小范围时，将功能量程开关置于最大量程位置。

⑤ 在功能量程开关转换之前，应使测试笔与被测电路处于开路状态。

⑥ 进行在线电阻测量前，应关断电路中所有电源并将所有电容器放电。测量高于 60 V 直流 30 V 交流以上的电压时，务必小心，切记手指不要超过测试笔挡手部分。

⑦ 测量电视机或开关电源时，应注意电路中可能存在会损坏仪表的脉冲。

⑧ 在测试晶体管前，必须确保测试笔没有连接到任何被测电路。

⑨ 在用测试笔测量电压前，必须确保没有电子元件连接在晶体管测试座上。

2. 实训用图纸介绍

1）倒车、刹车、喇叭系统

倒车、刹车、喇叭系统见图0-2。

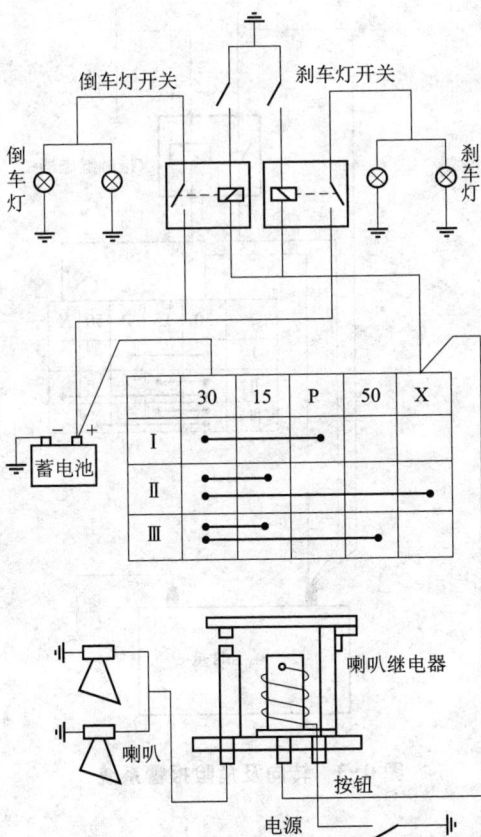

图 0-2 倒车、刹车、喇叭系统

2）转向及危险报警系统

转向及危险报警系统见图 0-3。

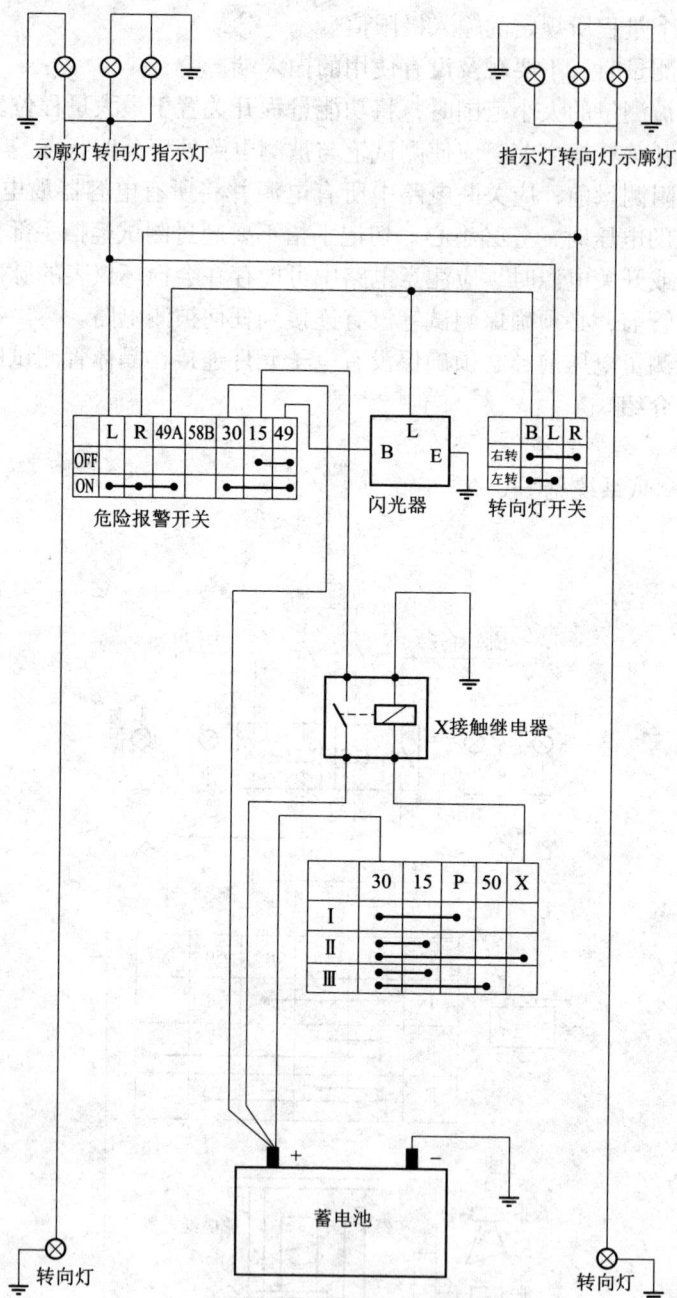

图 0-3　转向及危险报警系统

3）雨刮系统

雨刮系统见图 0-4。

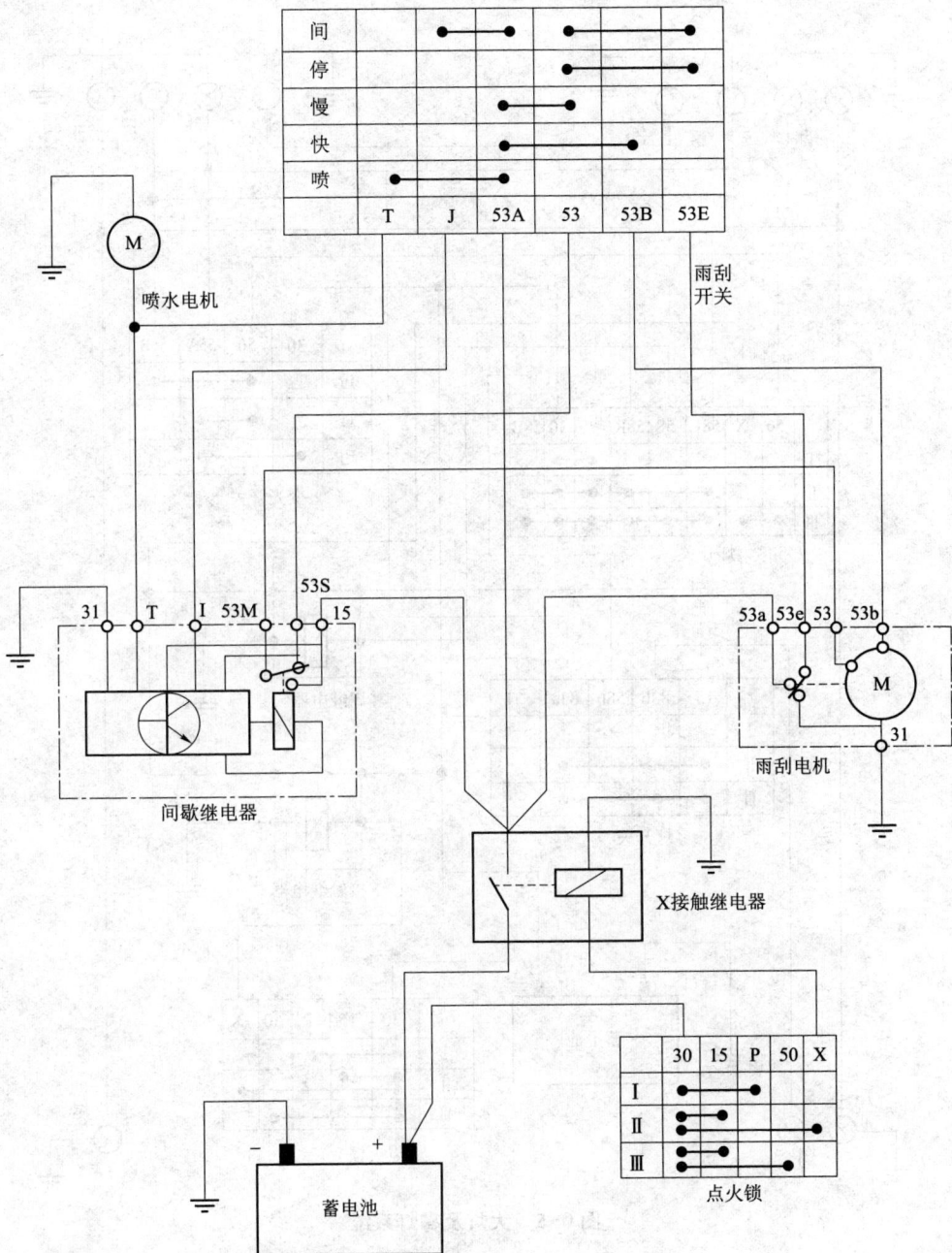

	T	J	53A	53	53B	53E
间		●—●		●———	——●	
停				●————————●		
慢			●—●			
快			●————————————●			
喷	●————————●					

喷水电机

雨刮开关

31 T I 53M 53S 15

间歇继电器

53a 53e 53 53b

雨刮电机

X接触继电器

蓄电池

	30	15	P	50	X
Ⅰ	●				
Ⅱ	●—●—●—			——●	
Ⅲ	●————●—			——●	

点火锁

图 0-4　雨刮系统

4）大灯及雾灯系统

大灯及雾灯系统见图 0-5。

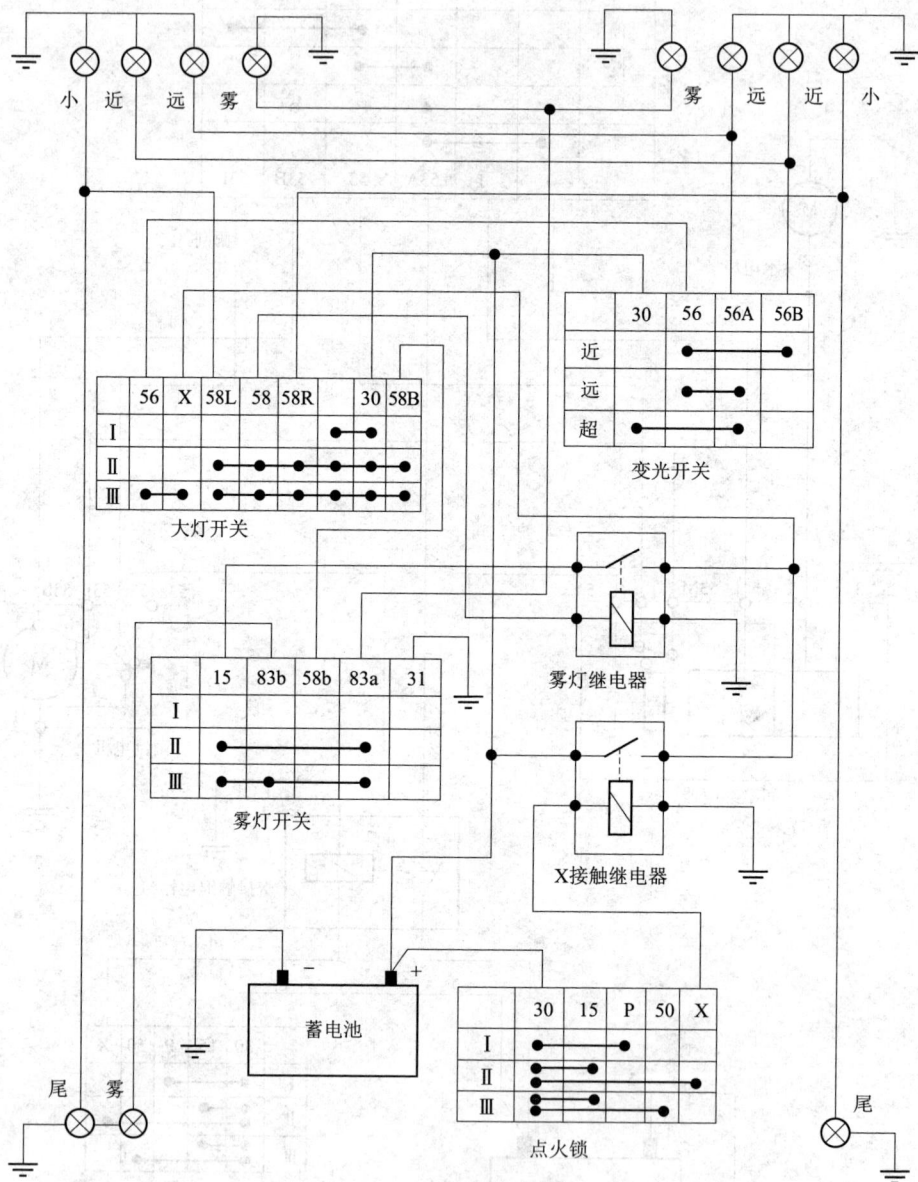

图 0-5　大灯及雾灯系统

5) 防盗系统

防盗系统见图0-6。

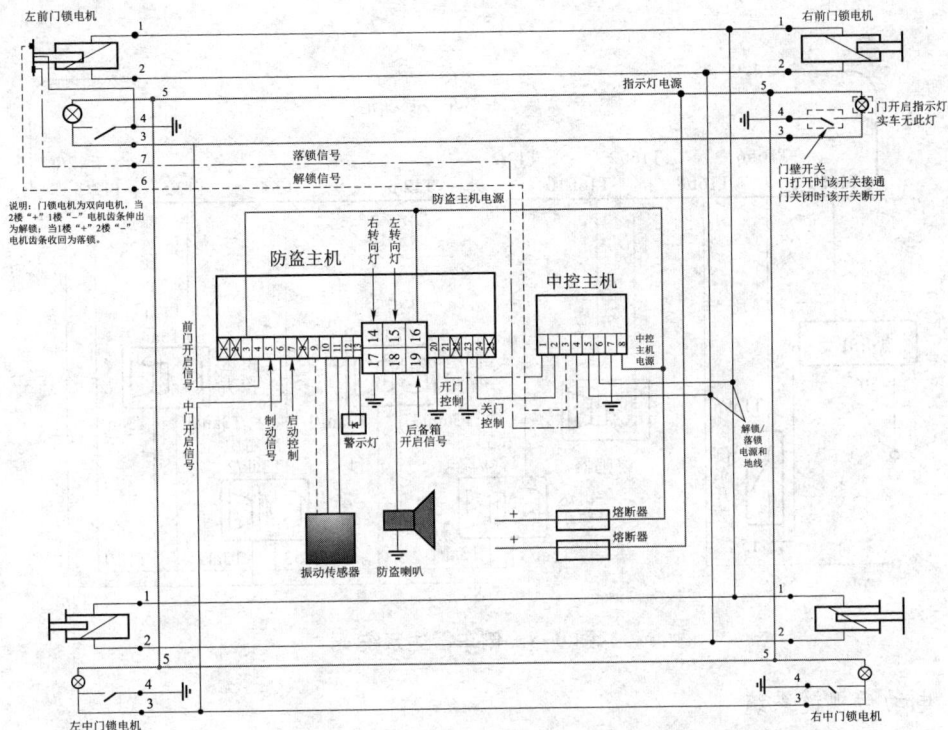

左前门锁电机
右前门锁电机
指示灯电源
门开启指示灯 实车无此灯
门壁开关 门打开时该开关接通 门关闭时该开关断开
落锁信号
解锁信号
说明：门锁电机为双向电机，当 2楼"+"1楼"-"电机齿条伸出 为解锁；当1楼"+"2楼"-" 电机齿条收回为落锁。
防盗主机电源
防盗主机
右转向灯 左转向灯
中控主机
中控主机电源
前门开启信号
中门开启信号
制动信号
启动控制
警示灯
后备箱开启信号
开门控制
关门控制
解锁/落锁电源和地线
振动传感器
防盗喇叭
熔断器
熔断器
左中门锁电机
右中门锁电机

图0-6 防盗系统

6) 电动车窗升降系统

电动车窗升降系统见图0-7。

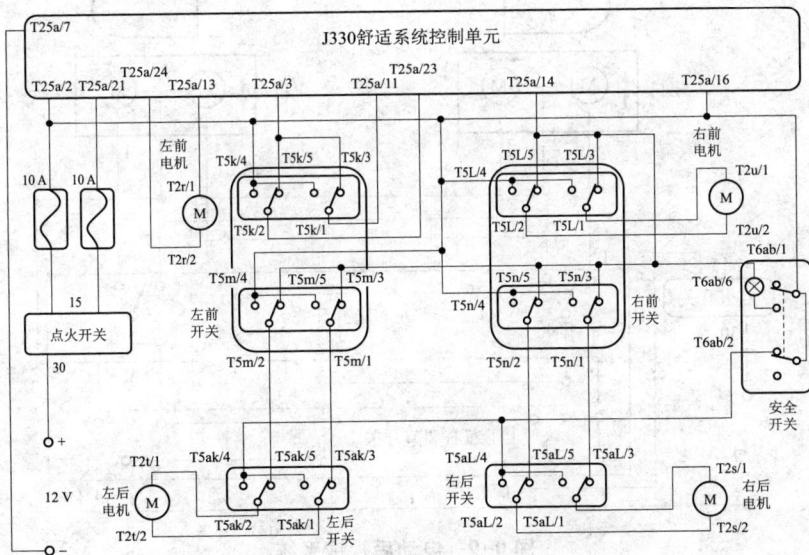

J330舒适系统控制单元
T25a/7
T25a/2 T25a/21 T25a/24 T25a/13 T25a/3 T25a/11 T25a/23 T25a/14 T25a/16
左前电机
右前电机
10 A 10 A
T2r/1 T5k/4 T5k/5 T5k/3 T5L/4 T5L/5 T5L/3 T2u/1
M M
T5k/2 T5k/1 T5L/2 T5L/1 T2u/2
15 T6ab/1
T2r/2 T6ab/6
点火开关 T5m/4 T5m/5 T5m/3 T5n/5 T5n/3 右前开关
左前开关 T6ab/2
30 T5n/4 安全开关
T5m/2 T5m/1 T5n/2 T5n/1
+
12 V T2t/1 T5ak/4 T5ak/5 T5ak/3 T5aL/4 T5aL/5 T5aL/3 T2s/1
左后电机 M 右后开关 M 右后电机
- T2t/2 T5ak/2 T5ak/1 左后开关 T5aL/2 T5aL/1 T2s/2

图0-7 电动车窗升降系统

7）倒车雷达系统

倒车雷达系统见图0-8。

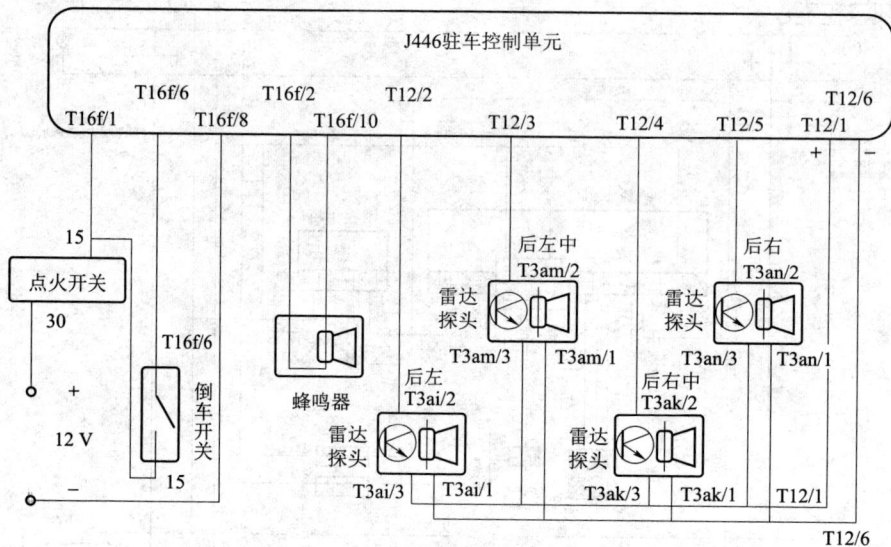

图0-8　倒车雷达系统

8）电动后视镜系统

电动后视镜系统见图0-9。

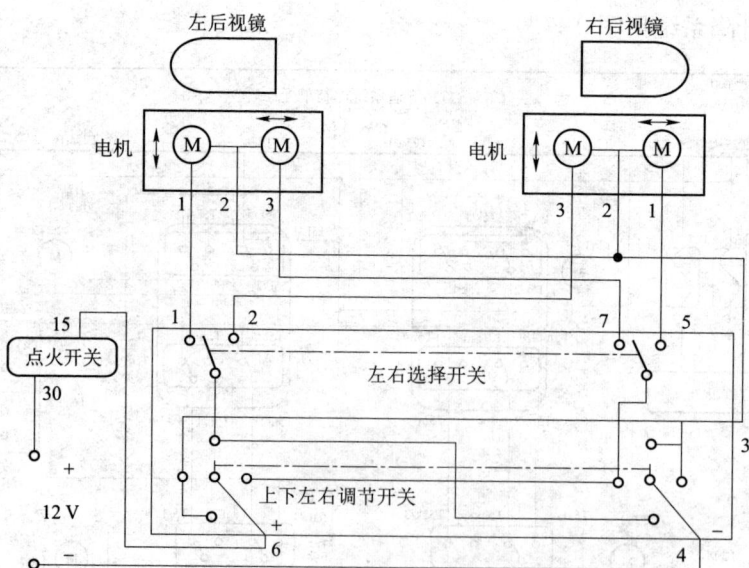

图0-9　电动后视镜系统

9）收音机音响系统

收音机音响系统见图0-10。

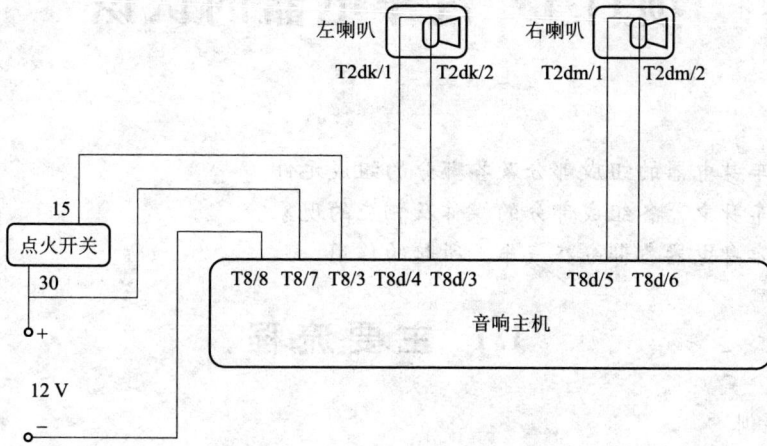

图 0-10　收音机音响系统

项目 1　汽车电器的认识

实训目标:

(1) 熟知车身电器的组成部分及各部分的组成元件。

(2) 熟知车身电器各组成部分的操作及相应的现象。

(3) 熟知车身电器各部分在汽车上所起的作用。

1.1　主 要 流 程

1) 分组实训

将全班学生按照学号,均匀分成五个小组。每组选出一名组长,由组长负责各组的人员分配、工具管理及考核作业。

2) 给实训台上各元件打标签

学生经过相互讨论或查找相关书籍,判断实训台上所有元件的名称,并用胶布写上名称贴在其相应的位置。

3) 介绍实训台上所有的元件

教师介绍实训台上的所有元件,重点在于介绍其作用及工作原理。

学生听完教师的介绍,更正错误的标签。

4) 介绍车身电器的组成部分

教师着重介绍启动部分、充电部分、灯光部分、雨刮部分及防盗部分的组成、控制原理和控制现象。

5) 演示各部分的操作及现象

教师着重演示启动部分、灯光部分、雨刮部分及防盗部分的操作及其对应的现象,简单讲解其控制原理,并保证每位学生都会操作,都会根据操作推断对应的现象。

6) 根据灯的位置判断灯的名称,并在灯泡上打上标签

(1) 根据灯的位置及灯罩的颜色,判断灯的名称(见图 1-1、图 1-2)。

(2) 了解大灯总成、尾灯总成的原理(见图 1-3、图 1-4)。

7) 利用电源判断各灯的接线柱

外接电源,判断各接线柱的标签,步骤如下:

(1) 根据灯罩的颜色和位置,判断各灯的标签,并将标签打在灯罩上。

(2) 找出大灯/尾灯总成中的地线(地线一般为棕色)。

(3) 将 12 V 蓄电池的负极连接在大灯/尾灯总成的地线上,用正极依次接触其他非地线接线柱,观察发光的灯泡。

(4) 将发光灯泡的标签对应地打在连接正极的接线柱上。

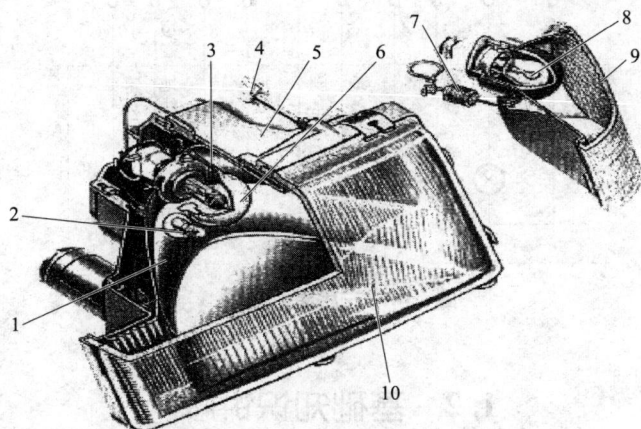

图 1-1　大灯总成

1—前照灯反射镜；2—驻车灯灯泡；3—前照灯灯泡；4—光束调整螺栓；5—灯体；6—避光罩；
7—拉簧；8—前转向灯灯泡；9—前转向灯配光镜；10—前照灯配光镜

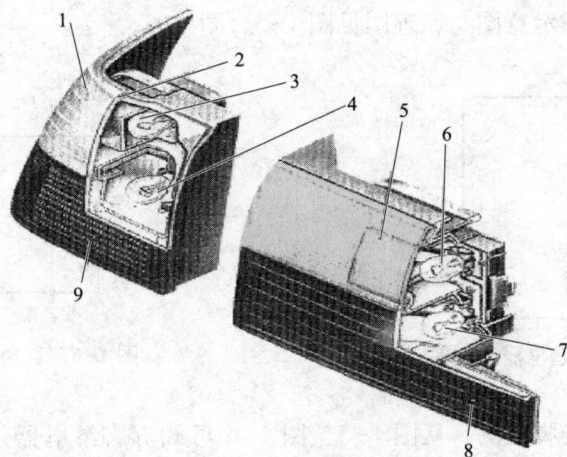

图 1-2　尾灯总成

1—后转向灯；2—后转向灯配光镜；3—后转向灯灯泡；4—制动灯与尾灯灯泡；
5—倒车灯配光镜；6—倒车灯灯泡；7—后雾灯灯泡；8—后雾灯配光镜；
9—制动灯与尾灯配光镜

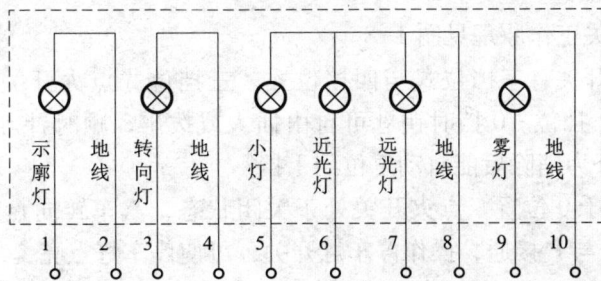

图 1-3　左前大灯总成

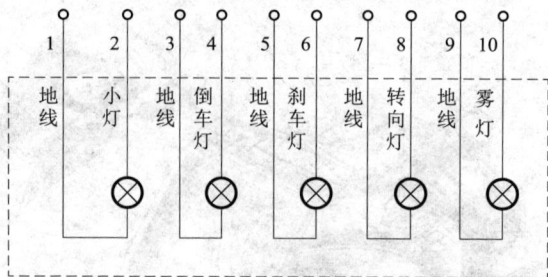

图 1-4　左后尾灯总成

1.2　基础知识讲解

1. 普通五脚继电器工作原理

汽车上有许多不同作用的继电器，如雨刮间歇继电器、闪光控制继电器、喇叭继电器、普通继电器等。其中，在保险丝盒中用来控制供电时使用得最多的要属五脚继电器了。

（1）五脚继电器的示意图与原理图见图 1-5、图 1-6。

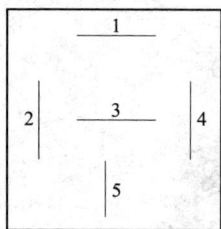

图 1-5　五角继电器示意图

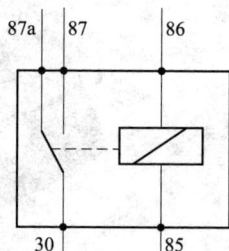

图 1-6　五角继电器原理图

（2）五脚继电器接脚检测。从图 1-5、图 1-6 可知五脚继电器是由一组电磁线圈、一个常开开关及一个常闭开关组成。那么怎么从这五个端子中找到各个对应的接脚？

首先准备好万用表，由于电磁线圈有一定的电阻，而开关触点电阻要么无穷大要么很小，所以可以依次来测电阻值，有电阻值的肯定就是电磁线圈了。

（3）继电器诊断流程，如图 1-7 所示。

2. 点火开关工作原理

捷达轿车点火开关工作原理见图 1-8。

汽车常用的点火开关有三挡位式与四挡位式。三挡位式点火开关具有 0、Ⅰ、Ⅱ（或 LOCK、ON、START）挡位。0 挡时钥匙可自由插入或拔出，顺时针旋转 40° 至 Ⅰ 挡，继续再旋转 40° 为 Ⅱ 挡，外力消除后能自动复位到 Ⅰ 挡。

（1）点火开关位于 0 位置。点火开关处于关闭状态，汽车转向盘被锁死，具有防盗功能。此时电源总线 30 与 P 接通，操作停车灯开关，可使停车灯点亮，与钥匙是否拔出无关。如将钥匙插入，将使 30 与 SU 端接通，蜂鸣器可工作。

（2）点火开关位于 Ⅰ 位置。启动后，松开钥匙，点火开关将自动逆时针旋转回到位置

直接观察，看外表，闻气味 → 烧焦有糊味 更换

↓ 无异状

检测电磁线圈好坏，测电阻 → 电阻无穷大或 无穷小 更换

↓ 80～85 Ω 正常

检查开关触点接触是否良好，有无虚接、烧蚀 → 不导通或电阻 无穷大 更换

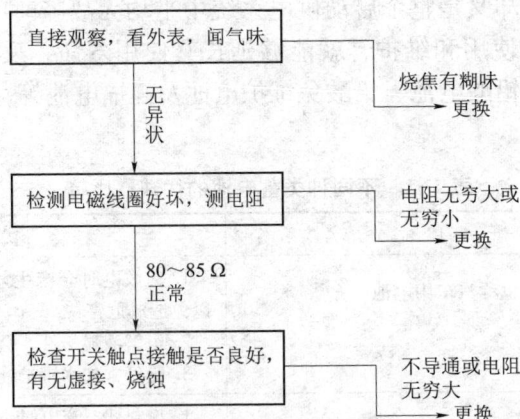

图 1-7　继电器诊断流程

位置 ＼ 接线端子	30	P	X	15	50	SU
0	○	○				○
I	○		○	○		○
II	○		○	○	○	○

图 1-8　捷达轿车点火开关工作原理

位置 0—关闭点火开关，锁死转向盘；位置 I—接通点火开关；位置 II—启动发动机；
30—接蓄电池；P—接停车灯电源；X—接卸荷工作电源；15—接点火电源；
50—接启动电源；SU—接蜂鸣器电源

I，这是工作挡。这时 P 端子无电，而 15、X、SU 三端子通电。15 通电，点火系统继续工作；X 通电使得前照灯、雾灯等工作，以满足夜间行驶的需要。

如果一次启动失败，若想再次启动，必须先将钥匙拧回到位置 I，间隔 30 s 后，重新拧到位置 II 启动。

在点火开关内还装有防止重复启动的装置。在正常行驶状况下，若误操作将钥匙从位置 I 转向 II，只能稍稍转过一个角度就被卡住，从而使启动机电源无法接通，避免了损坏启动机和发动机飞轮。

（3）点火开关位于位置 II。电源总线 30 与 50、15、SU 端子接通，使启动机运转；30 与 15 接通使点火系统分电器等进入工作。因 P 断电，停车灯不能工作；因 X 断电，前照灯、雾灯等不能工作。这样就将前照灯、雾灯等耗电量大的用电设备关闭，达到卸荷目的，以满足启动时需要瞬间大电流输入启动机的要求。发动机启动后，应立即松开点火开关，使其回到位置 I，切断启动机的电流，启动机驱动齿轮退回。

1.3　蓄电池的保养与操作

1. 蓄电池的类型及其优缺点

蓄电池是启动供电系统中的一个重要组成部分，它的优劣直接关系到整个启动供电系统

的可靠程度，然而蓄电池却又是整个启动供电系统中平均无故障时间（MTBF）最短的一种器件。如果用户能够正常使用和维护，就能够延长其使用寿命，反之其使用寿命会显著缩短。蓄电池的种类一般为铅酸电池、铅酸免维护电池及镍镉电池等，它们各自的优缺点比较如表1-1所示。

表1-1 不同种类蓄电池的优缺点比较

种类	概 述	优 缺 点
铅酸电池	1. 一般型电池，也称汽车用电池 2. 需加水维护 3. 寿命1～3年	1. 充放电时会产生氢气，安置地点须设置排风管以免造成危害 2. 电解液显酸性，会腐蚀金属 3. 需经常加水维护
铅酸免维护电池	1. 新型电池 2. 无须加水 3. 寿命NP系列可达3～5年，GM系列可达15年	1. 密封式，充电时不会产生任何有害气体 2. 摆设容易，无须考虑安置地点通风问题 3. 免保养、免维护 4. 放电率高，特性稳定
镍镉电池	1. 高级电池，用于特殊场合及特殊设备上 2. 需加水 3. 寿命20～40年	1. 水为介质，充放电不会产生有害气体 2. 失水率低，但需要固定时间加水及保养 3. 放电特性最佳 4. 可放置于任何恶劣环境

考虑到负载条件、使用环境、使用寿命及成本因素，一般选择铅酸免维护电池。用户千万不要因贪图便宜而选择劣质电池，因为这样做会影响整个系统的可靠性，并可能因此造成更大的损失。

2. 蓄电池的检查

蓄电池都会有自放电现象（self-discharge），如果长期放置不用，会使能量损失掉，因此需定期进行充放电。工程技术人员可以通过测量电池开路电压来判断电池的电量，以12 V电池为例：若开路电压高于12.5 V，则表示电池储能还有80%以上；若开路电压低于12.5 V，则应该立刻进行补充充电；若开路电压低于12 V，则表示电池存储电能不到20%，电池已处于"弹尽粮绝"的地步。

铅酸免维护电池由于采用吸收式电解液系统，在正常使用时不会产生任何气体，但是如果用户使用不当，造成电池过充电，就会产生气体。此时电池内压就会增大，会将电池上方的压力阀顶开，严重时会使电池鼓胀、变形、漏液甚至破裂。这些现象都可以从外观上判断出来，如发现上述情况应立即更换电池。

3. 蓄电池的操作

（1）搬运蓄电池时应轻拿轻放。

（2）一定不要将蓄电池误操作而短接。

（3）装的时候先正后负，拆的时候操作相反。

项目2　倒车、刹车、喇叭系统检修

实训目标：

（1）找到倒车开关、刹车开关、喇叭开关在汽车上的位置。

（2）熟悉各部分的组成元件及控制线路。

（3）连接此三部分的控制线路，并演示效果。

2.1　倒车灯、刹车灯、喇叭的认识

1. 倒车灯

倒车灯装于汽车尾部，用于照亮车后路面，并警告车后的车辆和行人，表示该车正在倒车，倒车灯全部是白色的（见图2-1）。

图2-1　倒车灯工作状况

2. 流氓倒车灯

该灯使用了一个大功率的 LED 作为光源，装在后牌照附近，后面看起来非常刺眼，所以称为"流氓倒车灯"（见图2-2）。这种倒车灯一般用于倒车，因为可以更清楚地观察后方。可有人把角度一变，直接照射到号牌上，避开电子探头的曝光。一般的汽车装潢店都能进行此类改装，不过大多是用于倒车，真正用于遮挡号牌的很少。根据交通法的规定，机动车不能安装妨碍交通安全的声、光、电设备，交警可以责令现场拆除，并罚款200元。

图2-2　流氓倒车灯工作状况

3. 刹车灯

刹车灯一般安装在车辆尾部，主体颜色为红色，以便后面行驶的车辆易于发现前方车辆刹车，起到防止追尾事故发生的目的（见图2-3）。简单车型的刹车灯工作原理如下：电源通过保险，然后到刹车灯开关，驾驶员踩下制动踏板进行刹车时，刹车灯开关接通，电流被送到两个刹车灯和一个高位刹车灯那里，通过负线与车体连接构成回路。

4. 高位刹车灯

高位刹车灯一般安装在车尾上部，以便后面行驶的车辆易于发现前方车辆刹车，起到防止追尾事故发生的目的。由于一般汽车已有两个刹车灯安装在车尾两端，一左一右，所以高位刹车灯也叫第三刹车灯、高位制动灯、第三制动灯（见图2-4）。

图 2-3　刹车灯工作状况

图 2-4　高位刹车灯工作状况

5. 喇叭

喇叭是汽车的音响信号装置（见图2-5）。在汽车的行驶过程中，驾驶员根据需要和规定发出必需的音响信号，警告行人和引起其他车辆注意，保证交通安全，同时还用于催行与传递信号。

图 2-5　喇叭实物图

2.2　倒车灯开关、刹车灯开关、喇叭开关的位置

1. 倒车灯开关的位置

倒车灯是在倒车的时候点亮，所以倒车灯的开关是通过挡位手柄来控制的，实车上它的

具体位置见图 2-6。

图 2-6　倒车灯开关具体位置

2. 刹车灯开关的位置

刹车灯是在制动时被点亮，所以刹车灯的开关是通过制动踏板来控制的，实车上它的具体位置见图 2-7。

刹车灯开关

图 2-7　刹车灯开关具体位置

3. 喇叭开关的位置

以前的喇叭开关有在转向灯手柄一端的，如富康、爱丽舍。但为了操作的灵活性，现通常喇叭开关都设置在图 2-8 所示的位置。

图 2-8　喇叭开关具体位置

2.3　元器件工作原理及简单的检修

1. 刹车灯开关工作原理及检修

1）工作原理

刹车灯开关工作原理见图2-9。

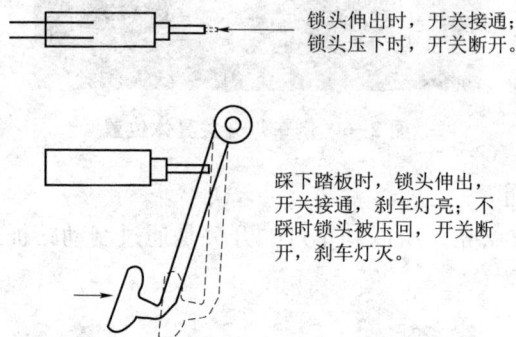

锁头伸出时，开关接通；
锁头压下时，开关断开。

踩下踏板时，锁头伸出，
开关接通，刹车灯亮；不
踩时锁头被压回，开关断
开，刹车灯灭。

图 2-9　刹车灯开关工作原理

2）检修

刹车灯开关在使用较长时间以后会出现内部弹簧变形、金属接触片烧蚀等问题，从而出现接触不良的问题。如果出现此类情况应当更换刹车灯开关。

2. 喇叭工作原理及检修

1）工作原理

喇叭工作原理见图2-10。

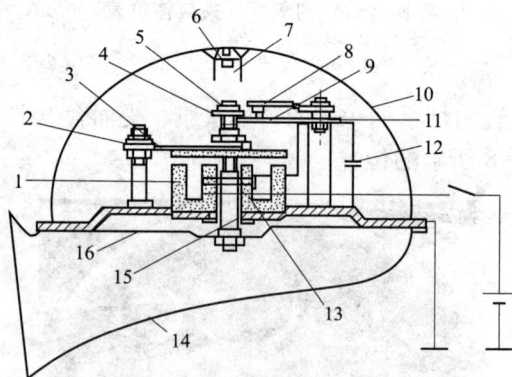

图 2-10　喇叭工作原理

1—铁心；2—衔铁；3—弹片；4—调整螺母；5—锁紧螺母；6—螺钉；
7—支架；8—活动触点；9—固定触点；10—防护罩；11—绝缘片；
12—灭弧电容；13—磁化线圈；14—传声筒；15—中心螺杆；16—膜片

电磁铁采用螺管式结构，铁心上绕有励磁线圈，上、下铁心间的气隙在线圈中间，所以能产较大的吸力。整体结构无扬声筒，而是将上铁心、膜片和共鸣板装在中心轴上。当电路接通时，励磁线圈产生吸力，上铁心被吸下与下铁心撞击，产生较低的基本频率，并激励膜片及与膜片联成一体的共鸣板产生共鸣，从而发出比基本频率强得多且分布又比较集中的谐音。为了保护触点，有的盆形喇叭在触点之间也并联了灭弧电容器。

2）检修

喇叭（见图 2-11）电路故障主要为线路虚接，如喇叭插头端子松动、喇叭继电器触点烧蚀、方向盘处喇叭开关接触不良等。但在很多喇叭故障中，尤其冬季出现问题较多的是喇叭本身的故障。结合使用环境等因素，喇叭本身的故障主要为以下几个原因。

图 2-11　喇叭实物图

（1）触点烧蚀。如果长时间按喇叭易造成喇叭触点烧蚀而产生阻抗，流过电磁线圈的电流减弱，电磁吸力下降，无法吸引衔铁带动膜片正常振动，导致发音沙哑、甚至不响。但不断按喇叭时，若瞬间强电流通过阻抗依然能正常工作，所以会时好时坏。

（2）密封不严易受潮。虽然喇叭内部是密闭的，但如果密封不严，洗车时进入雾气或内部空间空气中有水蒸气，水蒸气很容易导致触点受潮无法正常工作。

（3）电磁线圈端子接触不良。有些喇叭内部电磁线圈漆包线端子接头是铝金属铆钉压接连接的，非牢靠焊接连接。如果端头漆包线上的绝缘漆处理不净或铆钉压接不牢靠，很容易产生虚接故障，导致喇叭工作不良。此种故障是喇叭质量原因，无法修复，只能更换新件。

2.4　线路分析

打开点火锁到 II 挡位置（见图 2-12），电流由蓄电池到点火锁 30 端子再到 X 端子从而分别给倒车灯继电器、刹车灯继电器及喇叭继电器供电。当打开倒车灯开关后，倒车灯继电器电磁线圈通电，继电器触点闭合，倒车灯通电。刹车灯与喇叭控制原理以此类推。

2.5　线路连接故障分析

（1）继电器吸合，但发现灯泡不亮。

① 检查继电器触点处是否有电；② 检查灯泡好坏（测电阻或者直接通电）；③ 检查灯泡搭铁是否良好。

（2）继电器没有吸合。

① 检查蓄电池是否有电；② 检查点火锁是否打开；③ 检查线圈供电是否正常；④ 检查线圈搭铁是否正常；⑤ 检查开关是否接触良好。

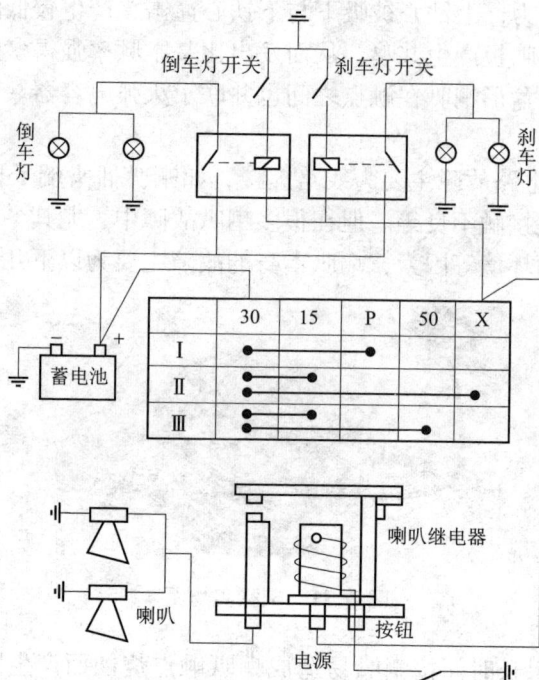

图 2-12　倒车刹车系统线路图

2.6　线路连接考核

（1）学习指导书上的相关内容。

（2）熟悉连接线路操作的相关元器件，完成工单对应内容。

（3）分小组进行练习。

（4）教师抽查考核。

项目3 启动系统检修

实训目标：

（1）熟悉启动机的内部结构。

（2）能够独立完成启动部分的线路连接。

（3）能够排除启动部分各种故障。

3.1 启动系统的认识

当启动发动机时，将点火开关转到启动位置，启动继电器线圈电路接通，带动发动机的曲轴转动，使发动机的活塞达到点火位置。

启动机的作用是当钥匙打到启动位置时，将电能转化成动能，从而启动引擎。上部小的圆柱状部件是启动机电磁阀，其作用是将齿轮往前拨，使启动机的齿轮与引擎的飞轮相啮合。下部大的圆柱状部件是启动电机，其负责提供启动引擎的扭矩。

3.2 启动机的认识

启动机主要由直流电动机、控制机构、传动机构等组成（见图3-1）。

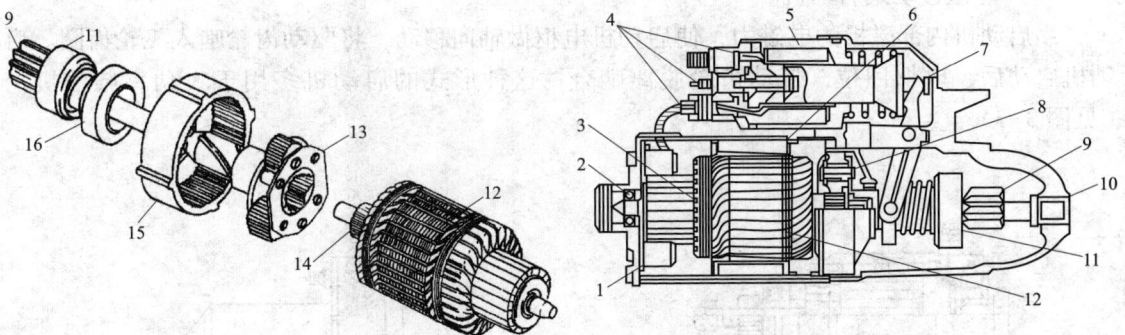

图3-1 永磁行星齿轮啮合式减速启动机

1—电刷；2—滚珠轴承；3—换向器；4—导线插头；5—电磁开关；6—永久磁铁磁极；7—拨叉；
8—行星齿轮减速器；9—驱动齿轮；10—轴承；11—单向离合器；12—电枢总成；13—行星齿轮；
14—主动齿轮（太阳轮）；15—齿圈；16—拨叉环

（1）直流电动机组成：电枢、磁极、换向器、轴承、电刷与电刷架。其主要产生旋转转矩。

（2）控制机构组成：拨叉、回位弹簧、保持线圈、吸引线圈、开关壳、动触点、静触点、螺栓。主要控制启动机启动电流的通断，以及控制驱动齿轮与发动机飞轮的啮合与分离。

（3）传动机构组成：单向离合器、拨叉、回位弹簧、驱动齿轮、行星齿轮机构。主要用于将电动机产生的转矩传递给飞轮，以及当发动机的转速大于启动机时，离合器自动打滑退回，以防转速太快而损坏启动机。

3.3　启动机的分类

启动机的种类繁多，但常见的启动机的电动机部分差别不大。因此，启动机常按控制机构和传动机构的不同进行分类。

按控制机构不同启动机可分为以下几类。

（1）机械操控式启动机。

用脚踩或手拉方式，直接控制启动机主电路开关，接通和切断启动机电路。在新型汽车上这种形式的启动机已不再采用。

（2）电磁操纵式启动机。

通常以钥匙开关控制电磁开关，再由电磁开关控制启动机主电路。它可以实现远距离控制，操作简便、省力，被现代汽车广泛采用。

按传动机构不同，启动机可分为以下几类。

（1）惯性啮合式启动机。

启动时驱动齿轮借惯性力啮入飞轮齿圈，启动后驱动齿轮又靠惯性力自动与飞轮齿圈脱开。由于这种形式的传动机构不能传递大的转矩，可靠性差，因此现已很少采用（见图3-2）。

（2）电枢移动式启动机。

靠启动机内部磁极的电磁力，使启动机电枢做轴向移动，将驱动齿轮啮入飞轮齿圈。启动机启动后，电枢回位，带动齿轮脱离啮合。这种形式的启动机多用于大功率柴油机上（见图3-3）。

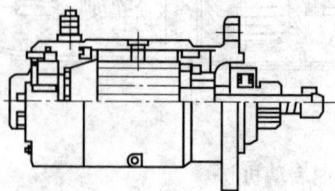

图3-2　惯性啮合式启动机

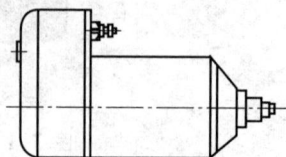

图3-3　电枢移动式启动机

（3）强制啮合式启动机。

靠人力或电磁力操纵，强制拨动驱动齿轮啮入和脱出飞轮齿圈。由于结构简单，工作可靠，操纵方便，被现代汽车广泛采用（见图3-4）。

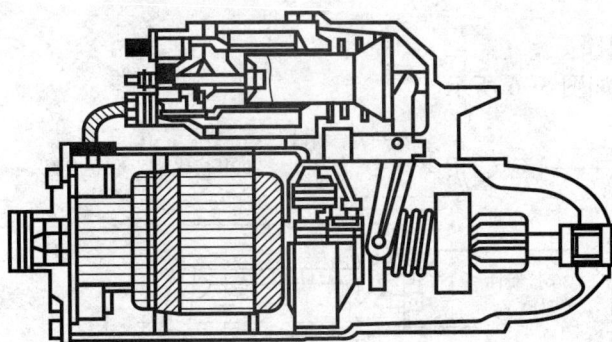

图 3-4 强制啮合式启动机

目前大多数汽车启动机的控制机构为电磁操纵式，而传动机构为强制啮合式，故称为电磁操纵强制啮合式启动机。

随着材料和技术的发展，出现了永磁启动机、减速启动机和螺旋式启动机等新型启动机。

减速启动机在直流电动机与驱动齿轮之间增加一套减速机构，以达到减速增扭的目的。这样，电动机的体积和重量可以减小，工作电流也减小，从而延长了蓄电池的使用寿命（见图 3-5）。

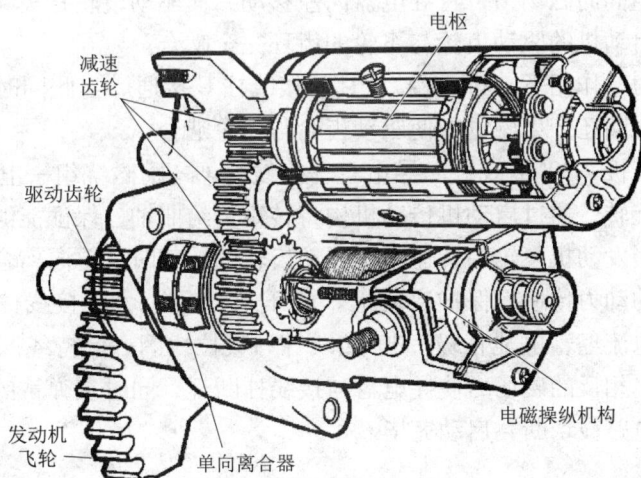

图 3-5 减速启动机

3.4　启动机工作原理

1. 启动机控制电路

启动机控制电路如图 3-6 所示。

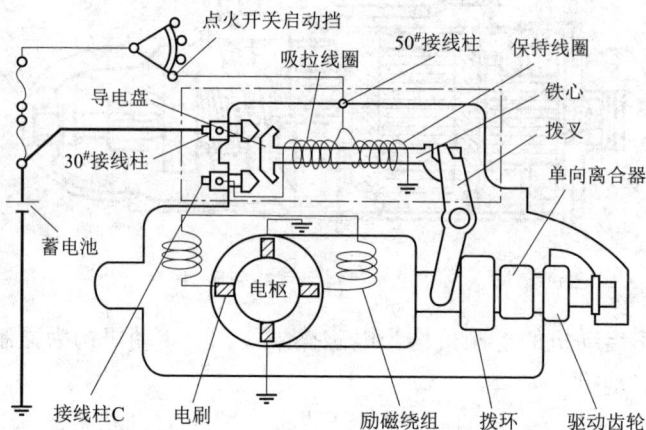

图 3-6　启动机控制电路

2. 启动机控制电路分析

启动时，点火开关旋转至"ST"位置，这时电流经蓄电池正极—点火开关—吸拉线圈—接线柱 C—励磁绕组—电枢搭铁。

另一部分经 50# 接线柱—保持线圈—内部搭铁，在此时直流电动机缓慢转动，同时吸拉线圈与保持线圈产生同向磁场力，将导电盘向左移动，而驱动齿轮在拨叉、拨环及铁心的作用下向右移动，使启动机的驱动齿轮与飞轮的齿环完全啮合。

而铁心在磁场力的作用下，将 30# 接线柱与接线柱 C 接通。与此同时，吸拉线圈被导电盘短路，只有保持线圈还产生磁场力使驱动齿轮与飞轮啮合。

电流经蓄电池正极—30# 接线柱—导电盘—接线柱 C—励磁绕组—电枢搭铁—蓄电池负极。则启动机快速旋转，通过启动机传动机构将转矩传给曲轴，保证能够启动发动机。

启动着车后，当发动机飞轮的转速大于驱动齿轮的转速时，单向离合器打滑从而切断驱动齿轮与飞轮之间的动力传递而保护启动机。松开点火钥匙，50# 接线柱断电，然而由于导电盘的惯性作用，电流经蓄电池正极—30# 接线柱—吸拉线圈—保持线圈—搭铁。此时吸拉线圈与保持线圈产生相反的磁场力使导电盘与接线柱断开，同时在弹簧的作用下，铁心迅速回位，启动机的主电路被切断，启动完毕。

3.5　启动机的检测试验

1. 电枢的维护与检修

检修电枢主要在于检测与维修电枢绕组，其主要故障有短路、断路和搭铁故障。首先得检查线圈的绝缘体部分是否烧毁，各连接头是否接触良好，如有地方松动应重新焊接。检测方法如下：① 用万用表 R×1k 挡检查电枢绕组内部有无断路，用两表笔接触不同的换向片，导通为良好；② 用万用表 R×1k 挡检查电枢绕组搭铁是否良好，用两表笔分别接触电枢轴与换向片，阻值应为无穷大，如为零，则为搭铁故障，见图 3-7。

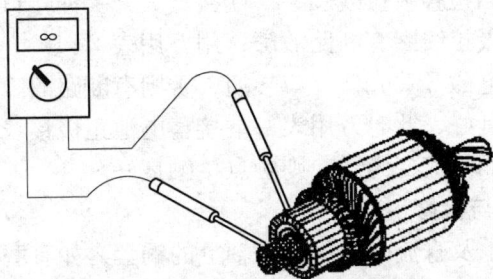

图 3-7　电枢绕组搭铁故障的检测

2. 磁场绕组的维护与检修

其主要故障有短路、断路和搭铁故障。首先用万用表 R×1k 挡或用试灯笔进行检查，一端接触外壳，另一端接磁场绕组端口，如电阻无穷大，则电路良好；否则有搭铁故障，见图 3-8、图 3-9。

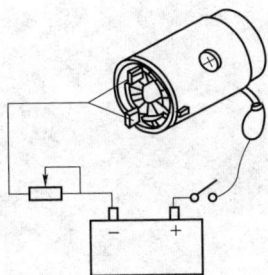

图 3-8　励磁绕组短路故障的检测

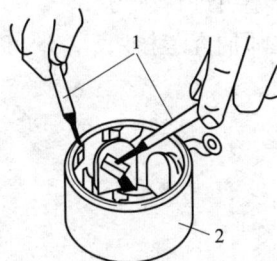

图 3-9　励磁绕组搭铁故障的检测

1—万用表笔；2—启动机外壳

3. 电刷与电刷架的检修

（1）检查电刷的高度，一般低于标准的 2/3，电刷的接触面积不得少于 75%，同时电刷在电刷架内无卡滞的现象，否则进行研磨与更换。

（2）用万用表检查正极电刷及引线的导通性，以及负极电刷及引线的导通性，同时检查正极电刷与电刷架是否绝缘。

（3）检查电刷弹簧的弹力，如弹力不符合要求，应对其进行更换。

（4）检查电刷架是否被扭曲，以及正负极电刷在电刷架上的安装位置是否正确。

4. 单向离合器的维护与检修

单向离合器在使用过程中，其主要故障是常出现打滑、驱动轴空转及减振弹簧空转。启动机空转、单向离合器打滑，是由离合器中的滚子磨损所引起的。检查方法：拆开启动机，将单向离合器装在电枢轴上，一手拿电枢，一手转动驱动齿轮，若离合器的正反两个方向都能自由转动，则离合器已损坏，应进行更换；如其中有一个方向运转自如，另一方向卡死，则表示单向离合器良好，清洗维护后仍可使用。

5. 电磁开关的维护与检修

（1）电磁开关的故障一般是吸拉线圈与保持线圈短路、断路、电磁开关内部的触点烧灼以致电流导通不畅。

（2）用万用表 R×1k 挡检查吸拉线圈，一端接点火开关插接口，另一端接励磁绕组引线接线柱，应为导通，否则吸拉线圈有断路故障；用万用表 R×1k 挡检查保持线圈，一端接点火开关插接口，另一端接电磁开关壳体，应导通，否则有断路故障；用万用表 R×1k 挡检查电磁开关内部的触点是否良好，此时万用表一端接蓄电池正极接线柱，一端接励磁绕组引线接线柱，同时移动铁心，如阻值变为零，则触点接触良好。

6. 轴承及铜套的维护与检修

检查启动机内的各轴承及直流电动机电枢轴上的铜套，如有磨损、破裂、变形应进行更换，且所选用的铜套要符合启动机的使用要求，运转时能够承受较大的冲击载荷。

3.6　线路连接考核

（1）学习指导书上的相关内容。

（2）熟悉连接线路操作的相关元器件，完成工单对应内容。

（3）分小组进行练习。

（4）教师抽查考核。

项目4 充电系统检修

实训目标：

（1）熟悉发电机的内部结构。

（2）能够独立完成充电部分的线路连接。

（3）能够排除充电部分的各种故障。

4.1 充电系统的认识

在发动机运行期间，发电机是车辆电气系统的主要电力来源。发动机低速运行时，发电机可能无法产生足够的电能；此时蓄电池作为"缓冲器"补偿发电机所不能提供的电能。补偿持续时间取决于蓄电池的容量、负荷及工作温度。当发动机以较高速度运行时，发电机输出电压较高，可以为电气系统提供足够的电能，并为蓄电池充电。

4.2 充电系统的组成

充电系统，简称充电系，主要由蓄电池、交流发电机、电压调节器、点火开关和充电指示灯等组成，示意图如图4-1所示。

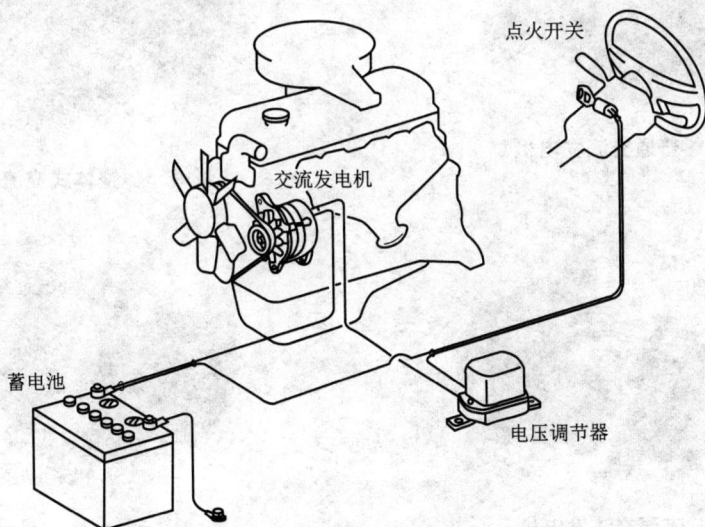

图4-1 充电系统示意图

1）蓄电池

当发动机停机或发电机不发电时，蓄电池向电气设备供电或启动发动机。

2）交流发电机

（1）在发动机以怠速以上转速运转时，为所有电气设备供电；

（2）给蓄电池充电。

3）电压调节器（装在发电机内）

交流发电机电压调节器又称稳压器，其基本作用是：当发电机的负载和发动机的转速在正常情况时，保持发电机输出电压在规定范围内。

4）点火开关

点火开关用于启动发动机，使发电机发电。

5）充电指示灯

指示充电系统的工作情况，充电指示灯亮，说明蓄电池供电或充电系统有故障。

4.3　充电系统主要部件介绍

1. 发电机

1）发电机的分类

发电机按总体结构和工作原理进行分类可以分为普通交流发电机（见图4-2）、整体式交流发电机（见图4-3）、带泵交流发电机（见图4-4）、无刷交流发电机（见图4-5）、永磁交流发电机等。

图4-2　普通交流发电机

图4-3　整体式交流发电机

图4-4　带泵交流发电机

图4-5　无刷交流发电机

2）发电机的构造

发电机的构造见图4-6。

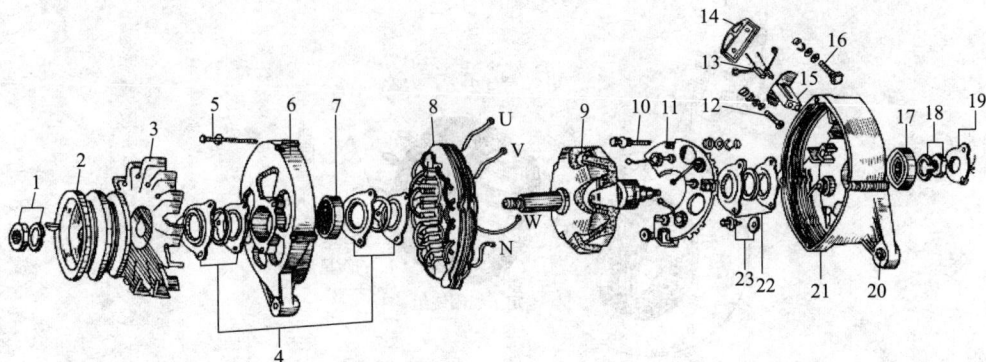

图 4-6 发电机的构造

1—紧固螺母及弹簧垫圈；2—带轮；3—风扇；4—前轴承油封及垫圈；5—组装螺栓；6—前端盖；
7—前轴承；8—定子；9—转子；10—"-"（电枢）接线柱；11—散热板；12—"-"（搭铁）接线柱；
13—电刷及压簧；14—电刷架外盖；15—电刷架；16—"F"（磁场）接线柱；
17—后轴承；18—转轴固定螺母及弹簧垫圈；19—压板；20—后端盖固定螺栓孔；
21—后端盖；22—压板；23—固定螺丝及垫片

（1）转子（见图 4-7）。转子旋转形成发电机的旋转磁场。转子总成由极芯（磁极或爪极）、励磁线圈（转子线圈或激磁绕组）、电刷、滑环、轴和风扇等组成。

① 转子极芯有 6 对（12 极）磁极，2 个极芯安装在转子线圈的两端，将线圈围起来。

② 在转子的两端装有风扇来冷却转子线圈。

③ 电刷和滑环可使电流流入旋转的转子线圈中产生磁场。

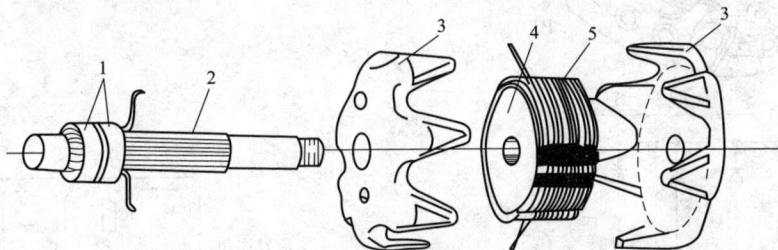

图 4-7 转子

1—滑环；2—转子轴；3—磁爪；4—磁轭；5—磁场绕组

（2）端盖。端盖由驱动端架和整流器后端架组成。

（3）定子（见图 4-8）。定子又称电枢，用以产生交流电动势。定子总成由定子铁心和定子线圈组成。

（4）整流器。整流器的作用是将定子线圈绕组产生的三相交流电整流后变为直流电，并阻止蓄电池通过发电机放电。

整流器利用 8 只硅整流二极管将定子线圈发出的三相交流电全波整流成直流电，硅整流二极管及原理如图 4-9 所示。

2. 电压调节器

电压调节器的工作原理：交流发电机有效电动势 E 与转子转速 n 及磁通 ϕ 成正比。$E(U)=Cn\phi$。改变励磁电流 I，从而改变磁通 ϕ，调节电压 U。其中，C 为结构常数。

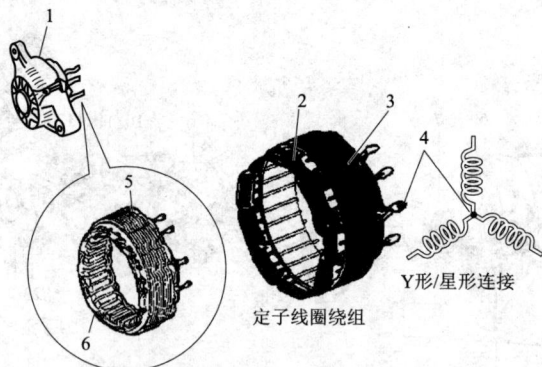

图 4-8 定子

1—发电机前端盖；2—定子线圈；3—定子铁心；4—定子绕组中性点；5—定子铁心；6—定子绕组

1）触点式电压调节器

触点式电压调节器又称电磁振动式电压调节器，包括单触点和双触点式调节器两类。其基本原理是通过改变触点闭合或断开时间的长短，来改变励磁电流的大小，如图 4-10 所示。

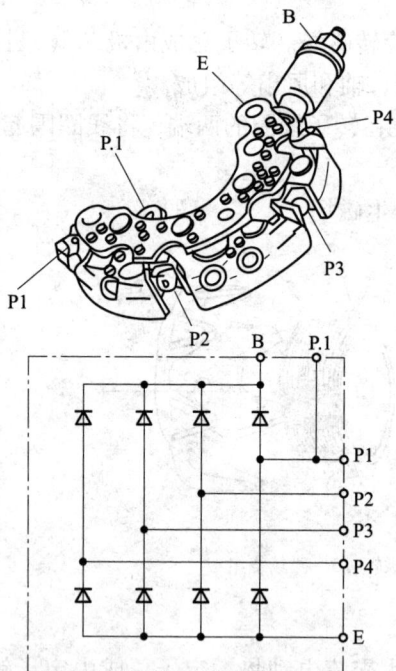

图 4-9 硅整流二极管及原理图

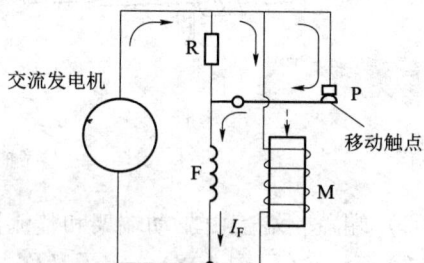

图 4-10 触点式电压调节器原理图

电阻 R 在触点断开时，电压会有较大的波动，并且触点也会引起火花放电，从而缩短触点的寿命。因此，现代汽车上不大使用触点式电压调压器。

2）集成电路（IC）电压调节器

（1）IC 电压调节器的基本原理，如图 4-11 所示。

（2）IC 电压调节器的特性。

① 蓄电池载荷特性。

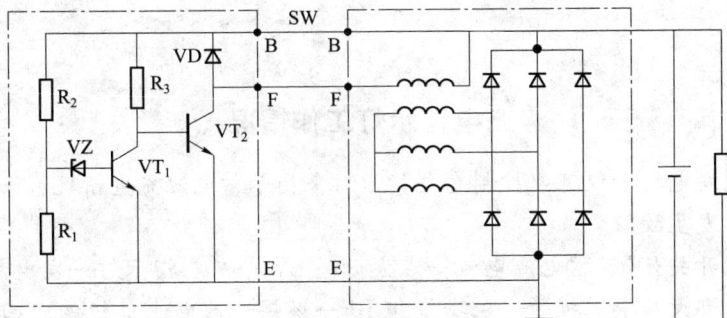

图 4-11　IC 电压调节器基本原理

　　② 外部载荷特性。随着载荷电流增大，输出电压变低。即使是在额定的载荷，或不超过交流发电机的最大输出电流情况下，电压变化始终在 $0.5 \sim 1\ \mathrm{V}$ 之间。

　　③ 温度特性。当周围环境温度升高时，由于调节输出电压的齐纳二极管的导电性能会变得更好，所以输出电压通常会变低。

　　④ 蓄电池感应型 IC 调节器的工作原理。这种 IC 调节器的交流发电机是有中性点二极管的小型交流发电机。图 4-12 为丰田车用单片式集成电路调节器的外形图，该调节器具有控制发电机电压、充电指示灯和检测发电机故障的功能。

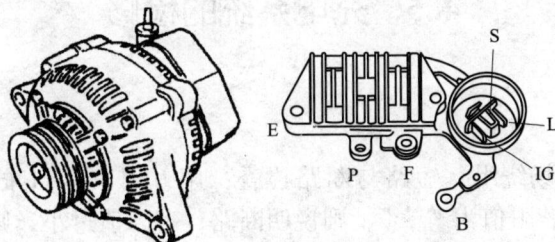

图 4-12　单片式集成电路调节器外形

4.4　九管交流发电机工作原理

　　九管交流发电机充电系统电路见图 4-13。

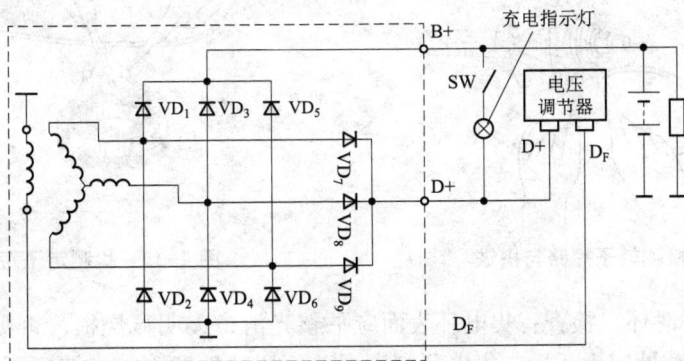

图 4-13　九管交流发电机充电系统电路

小资料:

充电指示灯工作情况

九管交流发电机不仅可以控制充电指示灯来指示蓄电池充电情况,而且能够指示充电系统是否发生故障。

接通点火开关 SW,蓄电池电流—点火开关 SW—充电指示灯—发电机"D+"端子—调节器内部大功率三极管—磁场绕组 RF—搭铁—蓄电池负极构成回路。此时充电指示灯点亮,指示磁场电流接通并由蓄电池供电。

当发动机启动后,随着发电机转速升高,发电机"D+"端电压随之升高,充电指示灯两端的电位差降低,指示灯亮度变暗。当发电机电压升高到蓄电池端电压时,发电机"B+"端与"D+"端电位相等,充电指示灯两端电位差降低到零而熄灭,指示发电机已正常发电,磁场电流由发电机自己供给。

当发电机高速运转、充电系统发生故障而导致发电机不发电时,因为"D+"端无电压输出,所以充电指示灯两端电位差增大而点亮,警告驾驶员及时排除故障。

4.5 充电系统的检修

1. 发电机的检修

1)检查转子

(1)转子绕组(磁场绕组)短路与断路检查:用万用表 R×1 挡检测两集电环之间电阻,应符合技术标准。若阻值为"∞",则说明断路;若阻值过小,则说明短路。一般 12 V 发电机转子绕组电阻为 3.5~6 Ω,24 V 的为 15~21 Ω,如图 4-14 所示。

(2)转子绕组搭铁检查,即检查转子绕组与铁心(或转子轴)之间的绝缘情况,如图 4-15 所示。用万用表电阻最大挡检测两集电环与铁心(或转子轴)之间的电阻,若表针有偏转,则说明有搭铁故障。正常应指示"∞"。

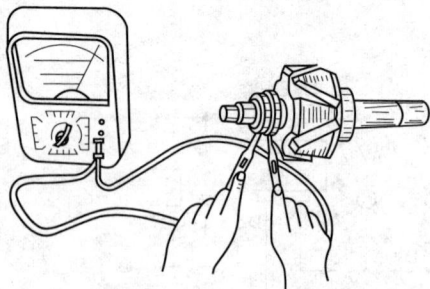

图 4-14 检测转子短路与搭铁

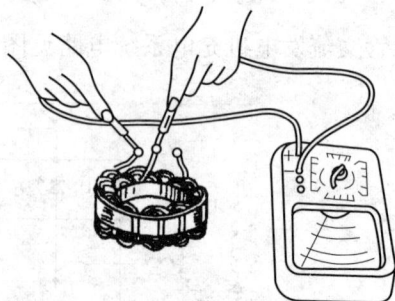

图 4-15 检测定子短路与搭铁

(3)集电环(滑环)检查:集电环表面应平整光滑,无明显烧损,否则用"00"号纱布打磨。两集电环间隙处应无污垢。集电环圆度误差不超过 0.025 mm,厚度不小于 1.5 mm。

2）检查定子

（1）定子绕组短路与断路检查：用数字万用表检测定子绕组3个接线端，两两相测。正常时阻值小于1Ω且相等。指针不动或阻值过大，说明断路；过小（近似等于0Ω）说明短路。

（2）定子绕组搭铁检查，即检查定子绕组与定子铁心间绝缘情况。用数字万用表电阻最大挡检测定子绕组接线端与定子铁心间的电阻，若绝缘电阻≤100 kΩ，则说明有搭铁故障。正常应指示趋于"∞"。

3）检查整流器二极管

（1）检查单个二极管好坏：分解发电机后端盖和整流板，将每个二极管的中心引线从接线柱上拆下或焊下，逐一检测，如图4-16所示。

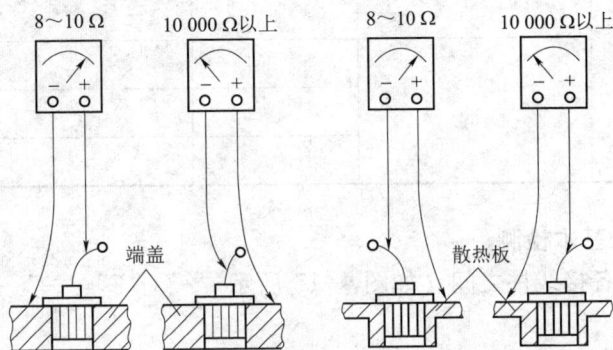

图4-16 用万用表检测二极管

当使用指针式万用表检测二极管时，二极管的阻值随万用表内部电压高低、挡位不同数值也会不同。通常使用R×1或者R×10挡测量正向电阻值，一般为几十Ω，反向电阻值一般为几十kΩ以上。若正反向电阻值一大一小差异很大，说明二极管良好。若正反向电阻均为∞，说明断路；若均为0Ω，说明短路。使用数字万用表测量时，质量良好的二极管正向压降一般为500～700 mV，反向电阻为几百 kΩ，并可判断整流器正负整流板及二极管极性。对焊接式整流二极管来说，只要有一只二极管短路或断路，该二极管所在的正或负整流板总成就需要更换新品。如果二极管是压装在整流板或后端盖上，那么在二极管短路或者断路后，只需用同型号规格的二极管更换故障二极管即可。

（2）将发电机零部件检测结果填入表4-1中，并据此判断发电机状态。

表4-1 发电机零部件检测结果

发电机型号：

部件	万用表挡位	表笔位置	测量值	有无故障	故障处理方法
励磁绕组检测					

续表

部件	万用表挡位	表笔位置	测量值	有无故障	故障处理方法
定子绕组检测					
整流器检测					

2. 电压调节器的基本检测

使用万用表测量各接线柱之间（如图 4-17 所示 "+" "F" "-" 三个接线柱）的电阻值，初步判断其性能。

图 4-17　电子控制式电压调节器

当使用此方法时，要注意选择合适的电阻挡位，常见电子控制式电压调节器各接线柱之间正常电阻参考数值如表 4-2 所示。

表 4-2　常见电子控制式电压调节器各接线柱之间正常电阻参考数值

调节器型号	"+" 与 "-" 之间电阻		"+" 与 "F" 之间电阻		"F" 与 "-" 之间电阻	
	正向	反向	正向	反向	正向	反向
JFT121	200~300 Ω	200~300 Ω	90 Ω	>50 kΩ	110 Ω	>50 kΩ
JFT241	400~500 Ω	400~500 Ω	110 Ω	>50 kΩ	110 Ω	>50 kΩ
JFT126	1.5~1.6 kΩ	1.5~1.6 kΩ	4.6~5 kΩ	7.8~8 kΩ	5.5 kΩ	6.5~7 kΩ
JFT246	3 000 Ω	3 000 Ω	4.6~5 kΩ	9.5~10 kΩ	5.5 kΩ	8.5 kΩ
JFT106	1.4~1.6 kΩ	1.4~1.6 kΩ	1.5~2 kΩ	3~4 kΩ	1.4~1.6 kΩ	3~4 kΩ
JFT107	1.4~1.6 kΩ	1.4~1.6 kΩ	1.5~2 kΩ	3~4 kΩ	1.4~1.6 kΩ	3~4 kΩ

调节器型号	"+"与"−"之间电阻		"+"与"F"之间电阻		"F"与"−"之间电阻	
	正向	反向	正向	反向	正向	反向
JFT$^{206}_{207}$	1.5~2 kΩ	1.5~2 kΩ	1.3~1.5 kΩ	2~3 kΩ	1.3~1.5 kΩ	4~6 kΩ
JFT$^{141}_{142B}$	1.2~1.6 kΩ	3.5~4 kΩ	500~700 Ω	5.7~7.5 kΩ	550~600 Ω	3.9~4 kΩ
JFT$^{241}_{242B}$	1.6~1.8 kΩ	3~3.3 kΩ	650~700 Ω	5~5.5 kΩ	550~600 Ω	4.3~5 kΩ

4.6　线路连接考核

（1）学习指导书上的相关内容。

（2）熟悉连接线路操作的相关元器件，完成工单对应内容。

（3）分小组进行练习。

（4）教师抽查考核。

项目 5　汽车信号系统检修

实训目标：

（1）掌握汽车信号系统的组成和工作原理

（2）掌握汽车信号系统线路的连接

（3）掌握汽车信号系统的故障诊断与排除方法

5.1　信号系统的认识

信号系统是汽车在使用中利用声光电等信号，用以提示其他车辆或行人注意安全的灯光信号或标志。汽车信号系统包括汽车转向系统及危险报警系统。

5.2　信号系统的组成

1. 转向灯

转向灯（见图5-1）是将汽车转弯信号告知周围车辆和行人的灯具。其信号为亮、灭交替的闪光信号，通常为黄色。车的前后及侧面各设有左右两组转向灯，受转向灯开关控制。不管是转弯还是并线、起步、停车，只要驾驶员打轮让车辆离开原车道了，哪怕是临时借半个车道超车或躲避，也必须提前开启转向灯，这是安全驾驶的基本原则。

图 5-1　转向灯效果图

交通法规规定，机动车应按下列规定使用转向灯：

（1）向左转弯、向左变更车道、准备超车、驶离停车地点或者掉头时，应当提前开启左转向灯；

（2）向右转弯、向右变更车道、超车完毕驶回原车道、靠路边停车时，应当提前开启右转向灯；

（3）机动车从匝道驶入高速公路，应当开启左转向灯，在不妨碍已在高速公路内的机动车正常行驶的情况下驶入车道。

2. 转向指示灯

转向指示灯安装在驾驶室仪表盘上（见图5-2），是标志汽车转向并指示转向灯工作情况的灯具，一般为左右各备一只，个别车仅使用一只。

图5-2 驾驶室仪表盘

3. 危险报警信号灯及指示灯

危险报警信号灯及指示灯是在紧急情况下能够发出闪光报警信号的灯具，通常由转向灯兼任，危险报警时，前后左右转向灯同时闪烁。系统工作受危险报警开关（见图5-3）操纵，使用危险报警系统时，安装在驾驶室内的指示灯（称为危险报警指示灯）亮，该灯或位于危险报警开关内或由左右转向指示灯兼任。

4. 位灯

位灯也称为小灯或示廓灯（见图5-4），装于汽车前后部两侧以示意其轮廓和存在。前位灯又称为示宽灯，一般为白色或黄色；侧边为琥珀色；后位灯又称为尾灯，为红色。尾灯是汽车在夜间行车时，向后方表示汽车存在的灯具。

空载时高3.0m以上的客车和厢式货车，前后各两只示廓灯，前面为白色，后面为红色。装于尽可能高的靠边缘的部位称为示高灯。示宽灯和示高灯统称示廓灯。

图5-3 危险报警开关图

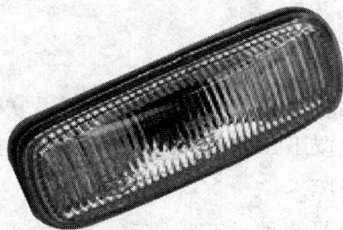

图5-4 示廓灯图

5. 停车灯

停车灯又称为驻车灯，装于车头和车尾两侧，用于夜间停车时标志车辆形位。前后各有两只。前停车灯为白色或琥珀色。后停车灯为红色。国产汽车常将停车灯、示宽灯合用。当拉起驻车手柄时，驻车开关接通，驻车灯亮，但仪表照明灯、牌照灯并不亮，耗电量比位灯小（见图5-5）。

6. 门灯

门灯是指示车门关闭状况的灯具，通常由位于门轴处的门灯开关控制。车门关闭时，门灯开关断开，灯熄灭。该灯一般由室内顶灯兼任。

图 5-5　停车灯图

国家标准规定，汽车的位灯、示廓灯、牌照灯、仪表灯及挂车标志灯应能同时亮起，当前照灯点亮时，这些灯必须点亮，当前照灯关闭和发动机熄火时仍能点亮（见图 5-6）。

图 5-6　车内照明灯图

目前，多将前照灯、雾灯、前位灯等组合起来，称为组合前灯；将后位灯、后转向灯、制动灯、倒车灯组合起来称为组合后灯。

5.3　主要组成原件介绍

1.　闪光器

闪光继电器又称闪光器，它串联在转向灯、转向指示灯与电源之间的电路中，一般安装在发动机罩下。其作用是使转向灯和转向指示灯不停地交替闪烁，指示车辆的转向情况，便于交通指挥。

闪光器的种类有很多种，大致可分为电热丝式、翼片式、电容式、电子式等多种类型（见图 5-7）。

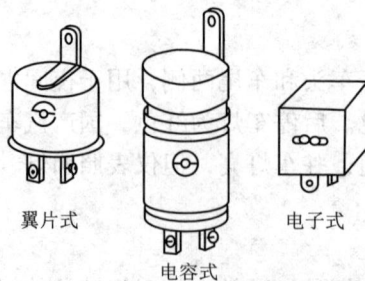

翼片式　　　　　　电子式

电容式

图 5-7　三种闪光器图

1）电热丝式闪光器

如图 5-8 所示为电热丝式闪光器结构图，其工作原理如下。当转向灯开关接通瞬间，电流回路为：蓄电池正极—接线柱 B—铁心—主触点臂—电热丝—附加电阻—线圈—接线柱 L—转向灯开关—左转向灯或右转向灯—搭铁—蓄电池负极。由于电路中电阻较大，电流很小，转向灯不亮。

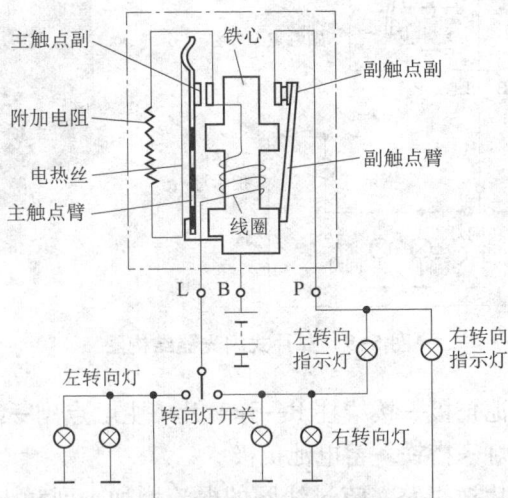

图 5-8 电热丝式闪光器结构图

经过一般很短的时间之后，电热丝因为受热膨胀伸长，主触点臂在铁心的电磁力作用下，克服弹簧片的弹力，使主触点副闭合，其电流回路为：蓄电池正极—接线柱 B—铁心—主触点臂—主触点—线圈—接线柱 L—转向灯开关—左转向灯或右转向灯—搭铁—蓄电池负极，此时转向灯亮。

与此同时，附加电阻、电热丝均被短路。流过线圈的电流增加，副触点臂在铁心电磁力的作用下克服弹簧片的弹力，使副触点副闭合，接通了转向指示灯的电路，其电流回路为：蓄电池正极—接线柱 B—铁心—副触点臂—副触点副—接线柱 P—左转向指示灯或右转向指示灯—右转向灯或左转向灯—搭铁—蓄电池负极。

转向灯点亮期间，因电热丝被短路，无电流流过，冷却而缩短，主触点副、副触点副断开，转向指示灯、转向灯重又熄灭。如此反复变化，使转向灯、转向指示灯一明一暗地闪烁，标示汽车的行驶方向。

若某个转向灯灯丝烧断，则流过线圈的电流约减少一半，铁心不能使副触点副闭合，于是转向指示灯就一直处于点亮状态，以示转向灯发生故障，故指示灯具有故障指示功能。

2）翼片式闪光器

翼片式闪光器的特点是结构简单、体积小，且工作时伴有响声。它是利用热胀片的热胀冷缩特性，并辅以弹簧片的作用，使触点时合时开而发出闪烁信号，其结构如图 5-9 所示。

当汽车转向时，接通转向灯开关的瞬间，其电流回路为：蓄电池正极—接线柱 B—电阻丝—线圈—接线柱 L—转向灯开关—左转向灯或右转向灯—搭铁—蓄电池负极。此时由于电阻丝串入电路，电流小，因而转向灯发光较弱。

经过较短的一段时间之后，热胀片因膨胀而伸长，主触点副在弹簧片弹力的作用下闭

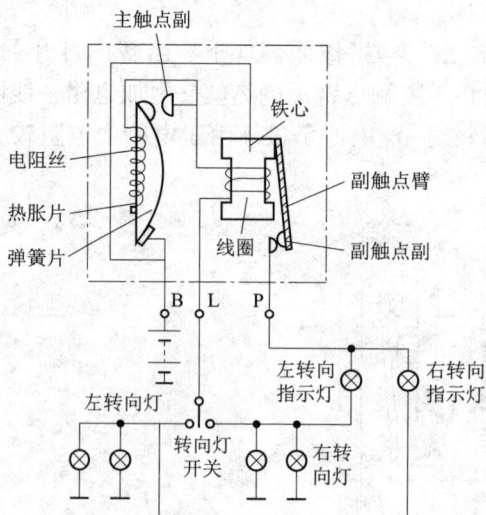

图 5-9　翼片式闪光器结构图

合，其电流回路为：蓄电池正极—接线柱 B—弹簧片—主触点副—线圈—接线柱 L—转向灯开关—左转向灯或右转向灯—搭铁—蓄电池负极。

于是，电阻丝、热胀片被短路，流过线圈的电流增加，副触点臂在铁心电磁力的作用下，克服弹簧片弹力使副触点副闭合而接通了转向指示灯的电路，其电流回路为：蓄电池正极—接线柱 B—铁心—副触点臂—副触点副—接线柱 P—左转向指示灯或右转向指示灯—右转向灯或左转向灯—搭铁—蓄电池负极。因此，转向指示灯、转向灯发光正常而明亮。此后因热胀片被冷却而缩短，主触点副、副触点副打开，转向指示灯、转向灯重又处于暗淡状态。如此反复变化，使转向灯、转向指示灯闪烁，标示汽车的转弯方向。若某个转向灯失灵（灯丝烧损），则流过线圈的电流减少一半，铁心将不能使副触点副闭合，于是转向指示灯便始终处于暗淡状态，以示转向灯电路发生故障。

3）电容式闪光器

电容式闪光器原理如图 5-10 所示。

当转向灯开关接通左转向灯，左转向灯就被串入电路中，电流回路为：蓄电池正极—电源开关—接线柱 B—串联线圈—弹簧片—常闭触点—接线柱 L—转向灯开关—左转向灯和指示灯—搭铁—蓄电池负极。此时并联线圈、电容器及电阻被触点短路，而电流通过串联线圈产生的电磁吸力大于弹簧片的作用力，触点迅速被打开，转向灯和指示灯尚未来得及亮。触点打开后，蓄电池向电容器充电，其充电电流回路为：蓄电池正极—电源开关—接线柱—串联线圈—并联线圈—电容器—接线柱 L—转向灯开关—左转向灯和指示灯—搭铁—蓄电池负极。由于并联线圈电阻较大，充电电流很小，不足以使转向灯亮，则转向灯仍处于暗的状态。同时充电电流通过串联线圈和并联线圈产生的电磁吸力方向相同，使触点继续打开，随着电容器的充电，电容器两端的电压逐渐升高，其充电电流逐渐减小，串联线圈和并联线圈的电磁吸力减小，使触点重又闭合。

触点闭合后，转向灯和指示灯处于亮的状态，此时电流回路为：蓄电池正极—接线柱 B—串联线圈—常闭触点—接线柱 L—转向灯开关—左转向灯和指示灯—蓄电池负极。与此

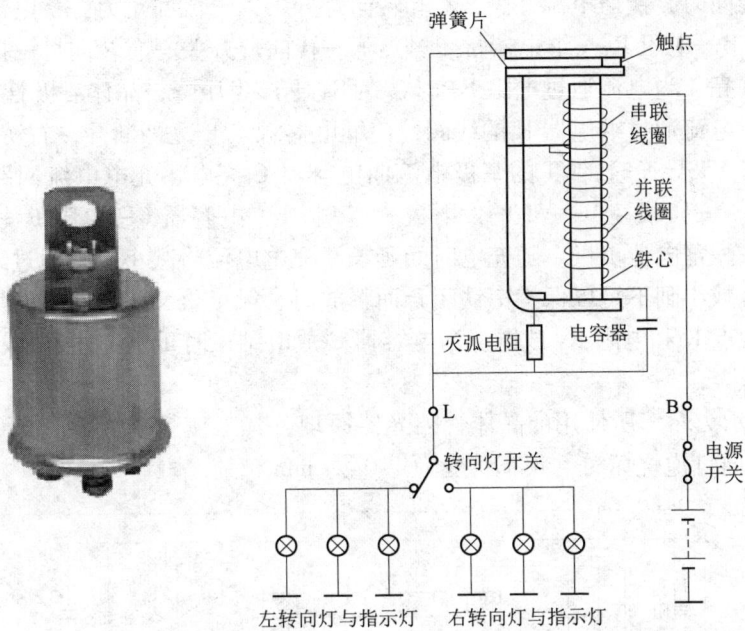

图 5-10　电容式闪光器原理图

同时，电容器通过线圈和触点放电，其放电电流通过线圈时产生的磁场方向与线圈磁场方向相反，所产生的电磁吸力减小，故触点仍保持闭合，左转向灯和指示灯继续发亮。随着电容器放电，电容器两端电压逐渐下降，其放电电流减小，则并联线圈的电磁作用减弱，串联线圈的电磁作用增强，触点重又打开，灯变暗。如此反复，继电器的触点不断开闭，使转向灯发出明暗交替的闪光信号。灭弧电阻与触点并联，是电容器放电回路的一部分，减小了触点火花。

电容式闪光器电压和功率要与灯泡一致，保证接线正确，否则不闪光，闪光器容易损坏。

4）电子式闪光器

带继电器触点的电子式闪光器元件少，成本较低，结构简单，工作可靠，使用较多，原理如图 5-11 所示。

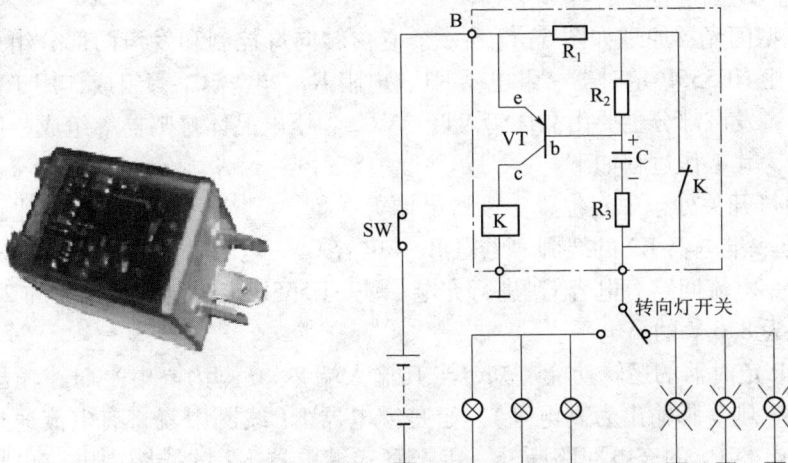

图 5-11　带继电器触点的电子式闪光器原理图

当汽车右转向时，接通电源开关 SW 和转向灯开关，电流回路为：蓄电池正极—电源开关 SW—接线柱 B—电阻 R_1—继电器常闭触点 K—转向灯开关—右转向灯—搭铁—蓄电池负极，则右转向灯亮。当电流通过电阻 R_1 时，在 R_1 上产生压降，晶体三极管 VT 因正向偏置而导通，集电极电流通过继电器 K 的线圈，使继电器触点 K 立即断开，右转向灯熄灭。

晶体三极管 VT 导通时，VT 的基极电流向电容器 C 充电，充电电流回路为：蓄电池正极—电源开关 SW—接线柱 B—VT 的发射极 e、基极 b—电容器 C—电阻 R_3—转向灯开关—右转向灯—搭铁—蓄电池负极。随充电时间延长，充电电流将减小，则通过继电器线圈的电流减小。当电流减小到不足以保持衔铁闭合而释放时，触点重又闭合，转向灯再次发亮。这时电容器通过触点 K 和电阻 R_3 放电。当电容器 C 放电结束时重复上述过程，右转向灯将不断地明暗闪烁。

图 5-12 所示为轿车所使用的晶体管闪光器原理，其工作频率为 85～110 次/min。若有一只 21 W 的转向灯泡烧坏时，频率将变为 120 次/min.

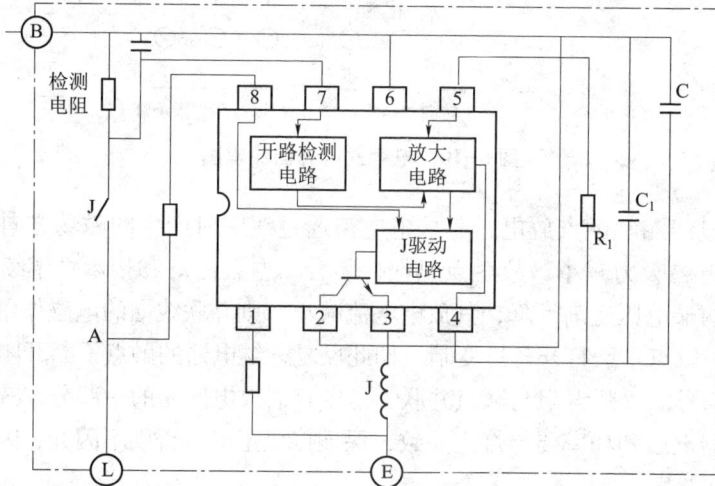

图 5-12　晶体管闪光器原理图

5）SGE-141 型闪光器

SGE-141 型闪光器原理如图 5-13 所示。它由转向灯控制和发声两部分组成。其中，转向灯控制部分由 NE555P 定时器、继电器 K1、电阻 R_5、电容 C_1 等组成，用于控制转向灯和发声器的工作；发声部分主要由晶体管 VT1、VT2 和压电晶体蜂鸣器等组成，用于监测闪光器的工作状态，其工作过程如下。

（1）转向灯开关处于中间位置。接通电源开关时，电流回路为：蓄电池正极—继电器 K1 的常闭触点—继电器 K2 的线圈—电阻 R_5—电容 C_1—电阻 R_4—二极管 VD2—搭铁 E—蓄电池负极。这一电流回路对电容 C_1 进行充电，使 NE555P 定时器集成电路的 2、6 脚上的电压逐渐上升约为 8.6 V 的高电平。

由 NE555P 定时器的逻辑功能可知，当其输入端 2、6 脚为高电平时，输出端 3 脚将为低电平（反之，则 3 脚输出为高电平）。于是继电器 K1 线圈中就将有电流通过，其常闭触点将断开，使电容 C_1 的充电回路断开，舌簧管式继电器 K2 的线圈中电流也将消失，发声电路不工作。

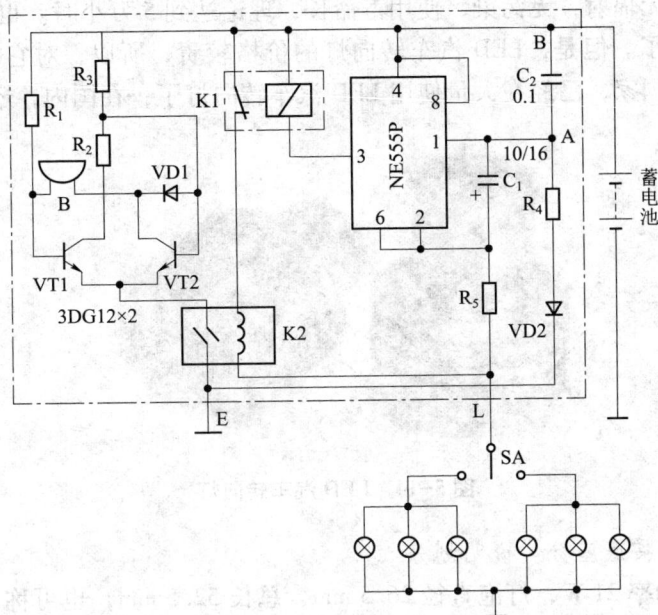

图 5-13　SGE-141 型闪光器原理图

（2）转向灯开关处于左或右侧位置。电容器 C_1 上所充的电荷通过电阻 R_5—转向灯开关 SA 闭合的触点（左或右侧）—左或右侧转向灯丝—搭铁，迅速放电，使 NE555P 定时器集成电路的 2、6 脚电位迅速下降。当该电压下降至 3.4 V 左右时，NE555P 定时器翻转，其输出端 3 脚转为高电平，继电器 K1 的线圈中无电流通过，于是 K1 的常闭触点恢复闭合，接通了转向灯电路，使转向灯点亮。与此同时，由于继电器 K2 线圈中有较大的电流通过（左或右侧转向灯灯泡的电流），K2 的常开触点闭合，等效于将 VT1、VT2 的发射极同时接地，使监测发声电路工作，发出声响提示转向灯工作正常。

在转向灯点亮的同时，电流又通过继电器 K1 常闭触点—继电器 K2 线圈—电阻 R_5 向电容 C_1 充电。当电容 C_1 充电到 NE555P 定时器输入端 2、6 脚为高电平时，定时器再次翻转，于是其输入端 3 脚又变为低电平，继电器 K1 的线圈中又有电流通过，其常闭触点断开，转向灯再次熄灭，继电器 K2 因线圈中失去电流，其触点恢复为常开状态，致使发声部分因此也停止发声。此后，闪光器连续地重复上述过程，使转向灯闪烁。

（3）故障检测电路。若转向灯有一个或两个灯泡损坏时，通过继电器 K2 线圈中的电流就将减小。由此会使 K2 的触点不能闭合，发声部分便停止工作。由于控制电路出现故障时，闪光器的发声部分将会出现连续发声或始终不发声两种状况。因此，其发声部分的工作状态可用来监测控制电路是否有故障。

2. 转向灯

1）汽车转向灯按材料分类说明划分

（1）气体汽车转向灯。气体汽车转向灯使用的是气体，如卤素。气体汽车转向灯技术成熟，价格低，但会产生辐射，里面含有汞，外壳是玻璃做成的，容易破碎，导致污染环境。

（2）LED 汽车转向灯。LED 汽车转向灯（见图 5-14）使用的材料是 LED。由 LED 做成的汽车转向灯，无辐射，无污染，使用寿命长，理论达到 5 万小时。也就是说，在汽车报废之前不用换灯泡了。但是，LED 汽车转向灯的价格较贵，所以，对它的普及使用造成了一定影响。在发达国家，已经在大量使用 LED 汽车转向灯了；在国内，还比较少。

图 5-14　LED 汽车转向灯

2）汽车转向灯按底座分类说明划分

（1）P21W，功率 21 W，灯泡直径 26.5 mm，总长 52.5 mm，也可称为 BA15S 或 1156。灯泡为球形，常见使用车型如雨燕、标致 206 等。可用作前转向灯或后转向灯，但多用于后转向灯。

（2）PY21W，功率 21 W，灯泡直径 26.5 mm，总长 52.5 mm，也可称为 BAU15S，形状与 P21W 相像，只是两个触角成 150°，而 P21W 是 180°。常见使用车型如比亚迪 F3、奔驰 S 系。可用作前转向灯或后转向灯，但多用于前转向灯。

（3）W21W，功率 21 W，灯泡直径 20~25 mm，也可称为 7440。常见使用车型如吉普欧蓝德。可用作前转向灯或后转向灯，多用于日系车型。

（4）P27W，功率 27 W，灯泡直径 20~25 mm，也可称为 3156。可用作前转向灯或后转向灯。

（5）W5W，功率 5 W，灯泡直径 10.29 mm，总长 26.8 mm，灯头表示为 W2.1×9.5d。W5W 可直插或扁插，灯泡为楔形灯泡。用作侧转向灯，常见车型如比亚迪 F3、雨燕等。

（6）H5W，功率 5 W，灯泡直径 9.0 mm，总长 33.0 mm，灯头表示为 BA9S。灯泡为球形。用作侧转向灯。

3）汽车转向灯按位置分类说明划分

（1）前转向灯，安装在汽车大灯旁边，用于在转弯时，警示前方车辆。

（2）后转向灯，安装在汽车尾部，用于在转弯时，警示后方车辆。

（3）侧转向灯，安装在第 1 驾驶室的车门旁或安装在后视镜上，用于在转弯时，警示旁边车辆。

5.4　转向与危险报警灯具体位置及电路分析

1. 转向与危险报警灯具体位置

转向与危险报警灯电路主要由闪光继电器、转向灯开关、危险报警灯开关、左右转向灯、左右转向指示灯组成，其安装位置如图 5-15 和图 5-16 所示，电路如图 5-17 所示。

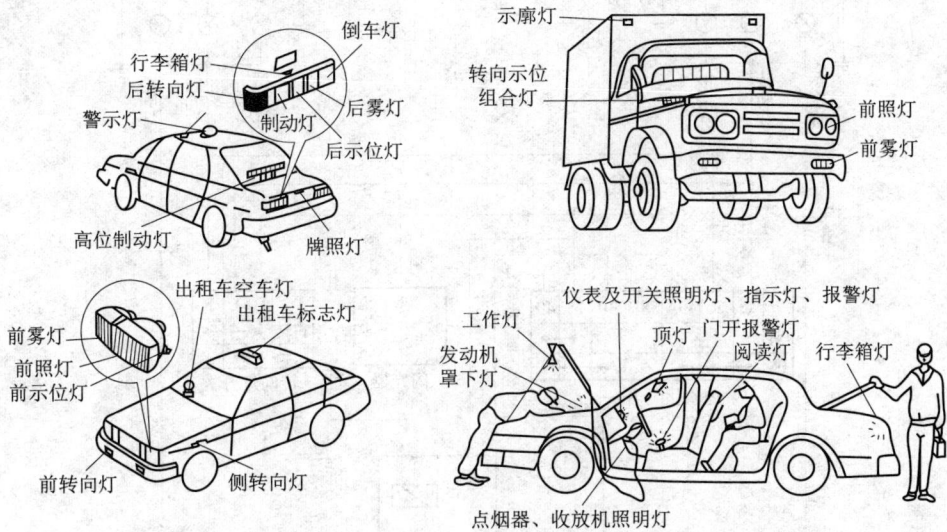

图 5-15　转向与危险报警灯位置图

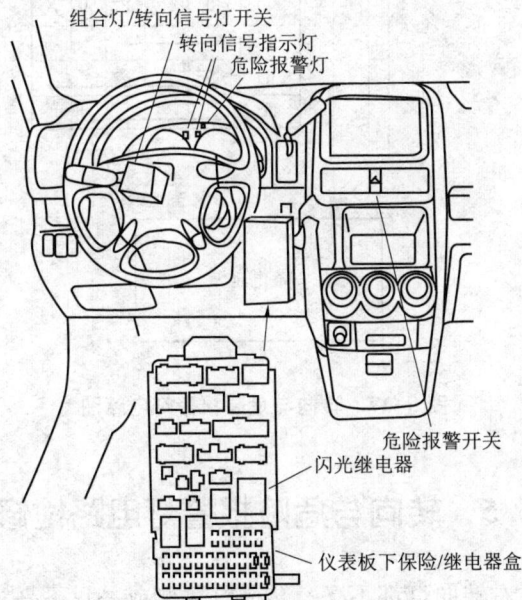

图 5-16　转向系统零件图

2. 转向与危险报警灯电路的工作原理

电路图解读（以下以电流流动方向来分析各部分的工作）：

转向：X 接触继电器—应急开关 15—危险报警开关 49 —闪光器 B—闪光器 L—转向灯开关 B—（转向灯开关 L—左侧转向灯）转向灯开关 R—右侧转向灯。

危险报警：蓄电池正极—应急开关 30—危险报警开关 49—闪光器 B—闪光器 L—危险报警开关 49A—（危险报警开关 L—左侧转向灯）危险报警开关 R—右侧转向灯。

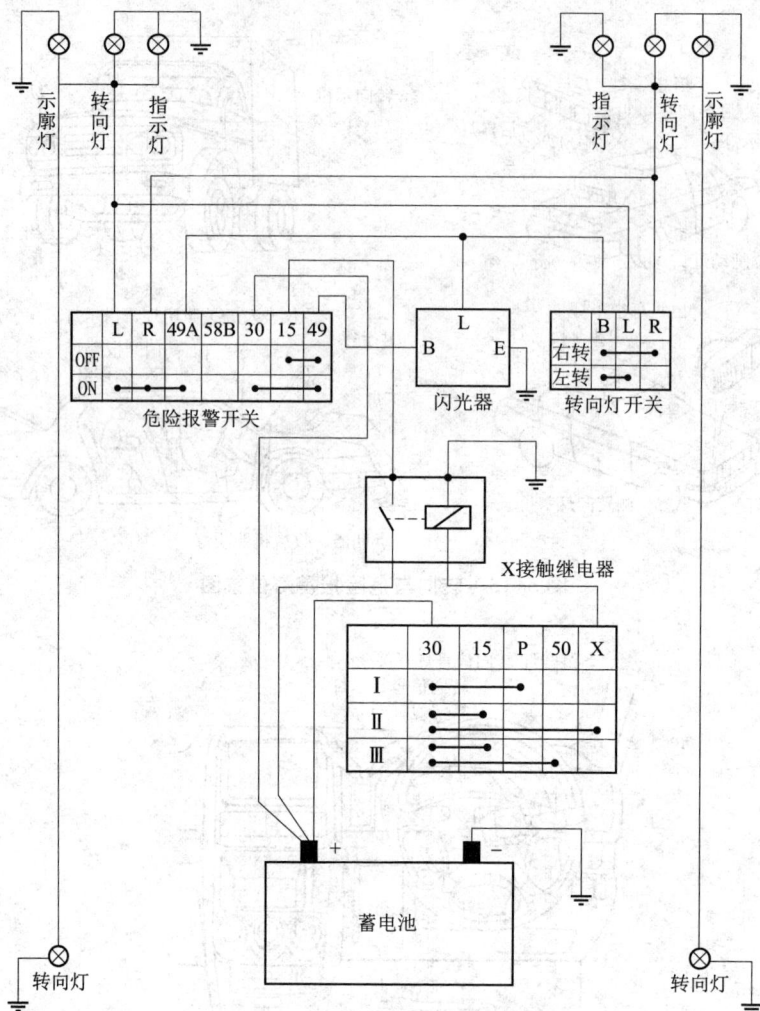

图 5-17　转向与危险报警灯电路图

5.5　转向与危险报警灯电路检修

转向灯常有故障：左右转向灯都不亮；转向灯一侧或一只不亮；转向灯亮但不闪烁；闪烁过快或过慢等。

1）左右转向灯都不亮

（1）检查闪光器电源接线柱 B 是否有电。若没有电，则说明闪光器到电源之间有断路，检查熔断器。当确认熔断器熔断原因后，才更换熔断器。若有电，则进行下一步检查。

（2）检查闪光继电器接线柱 L 是否有电。若没有电，则说明闪光器损坏。如果仅仅是闪光器损坏，可将闪光器 B、L 两端短接，接通转向开关，转向灯应亮。若有电，则进行下一步检查。

（3）检查转向灯开关火线接线柱是否有电。若没有电，则说明闪光继电器接线柱 L 与转向灯开关间的连接导线有断路处；若有电，则应进一步检查转向灯开关、转向灯泡及其连接线路。

2）转向灯亮但不闪烁

接通转向灯开关，转向灯点亮，但不闪烁。导致此类故障的原因主要有闪光器或闪光器搭铁线不良、危险报警开关有故障。

3）闪烁频率较标准值低

（1）灯泡功率不符合规定，应按标准更换灯泡。

（2）电源电压过低，可将蓄电池充足电，适当调高发电机输出电压。

（3）闪光器有故障，可调整或更换闪光器。

4）闪烁频率较标准值高

（1）灯泡功率不符合规定，应按标准更换灯泡。

（2）转向灯接地不良，应检查灯座搭铁情况并使其接地良好。

（3）闪光器不良，应进行调整或更换闪光器。

（4）转向灯灯丝烧断，应该更换灯泡。

5）左右转向灯闪光频率不一样，或其中有一只不工作

（1）指示灯或信号灯断线。

（2）其中有一个使用了非标准灯泡，应更换成标准灯泡。

（3）灯的接地不良，要检查灯座，接牢搭铁线。

（4）转向灯开关和转向灯之间有断线，接触不良，可检修线路及搭铁。

6）其他用电设备工作时，转向灯闪亮次数特别慢或不工作

（1）蓄电池电压亏电严重，应及时给蓄电池补充电。

（2）蓄电池到闪光灯电路压降大，即导线截面小，接触不良。可更换导线，检修接触情况。

7）转向灯有时工作，有时不工作

（1）接线不可靠或搭铁不良、松脱。

（2）闪光器不良。

8）闪光器的检查

（1）在转向信号电路有故障而不能正常工作时怀疑为闪光器故障，则可进行下列检查：将闪光器接线柱 B 和接线柱 L 短接，如转向灯亮，则说明是闪光器有故障。

（2）打开闪光器的盖，观察线圈和附加电阻是否烧坏，若良好则可进行下列检查：检查触点闭合情况，按下触点，转向灯亮则是触点间隙过大所致，应予调小。

按下触点，转向灯不亮，可用旋具短接触点，若灯亮则是触点氧化严重，可进行打磨。晶体管式闪光器故障则不能用短接的方法试验，否则将会损坏闪光器。检查时，取下闪光器，将两条线直接连接起来试验。

5.6 线路连接考核

（1）学习指导书上的相关内容。

（2）熟悉连接线路操作的相关元器件，完成工单对应内容。

（3）分小组进行练习。

（4）教师抽查考核。

项目6　雨刮系统检修

实训目标：
（1）熟悉汽车电动雨刮器、洗涤装置的结构。
（2）应会典型汽车雨刮器、洗涤装置工作原理。
（3）学会雨刮系统线路的连接。
（4）能够进行雨刮系统的一般故障维修。

6.1　汽车雨刮系统认识

风窗雨刮器和清洗装置是汽车的重要安全装置，为在各种使用条件下保证挡风玻璃表面干净、清洁，使驾驶员视野效果良好，在车辆上安装了电动雨刮器、风窗清洗装置和除霜装置（见图6-1）。雨刮系统正常工作需要具备两项条件：
（1）正常开启/关闭的雨刮器。
（2）充足的玻璃清洗液；在清理挡风玻璃时，雨刮器要与玻璃水配合使用，避免雨刮器与挡风玻璃进行干摩擦。

图6-1　雨刮器位置图

雨刮器总成包括电动机、减速机构、四连杆机构、雨刮刷臂心轴、雨刮刷片总成等。驾驶员按下雨刮器的开关时，电动机启动，电动机的转速经过涡轮蜗杆的减速增扭作用驱动摆臂，摆臂带动四连杆机构，四连杆机构带动安装在前围板上的转轴左右摆动，最后由转轴带动雨刮刷片刮扫挡风玻璃（见图6-2）。

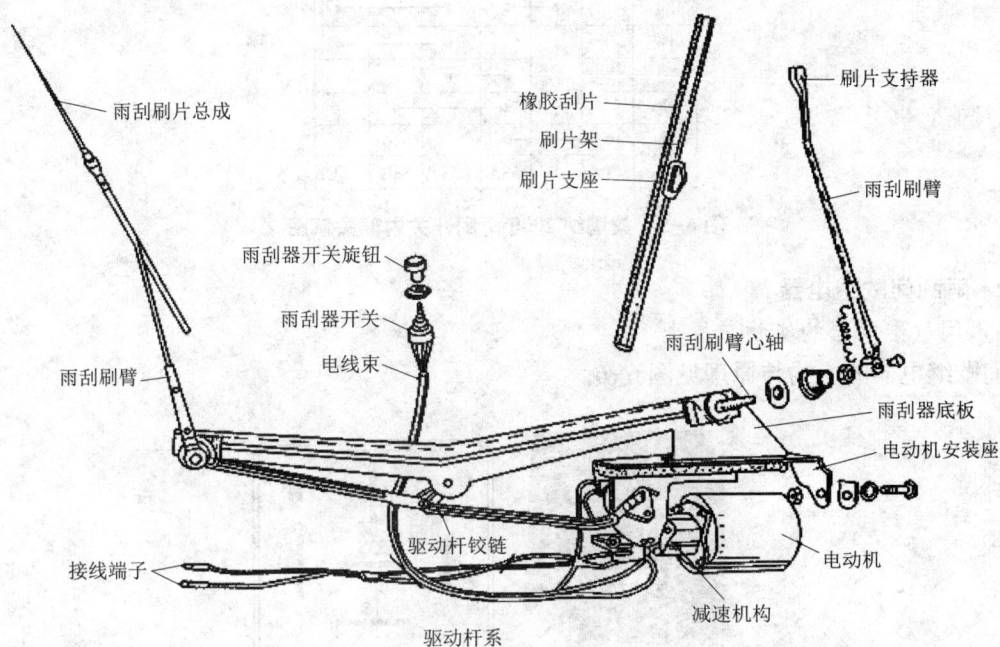

图 6-2　雨刮系统结构图

6.2　桑塔纳雨刮系统主要工作元件认识

1. 雨刮控制开关

雨刮开关见图 6-3～6-5。

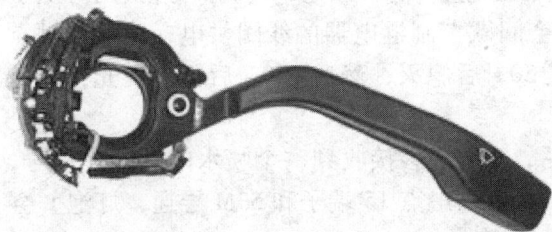

图 6-3　雨刮开关的实物

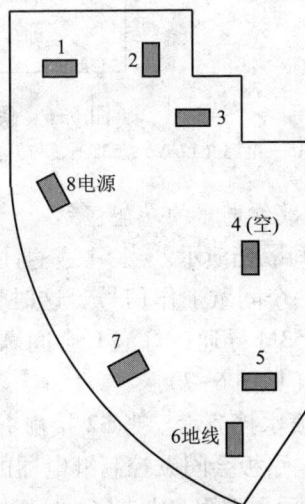

图 6-4　雨刮开关的线束插头

间		●	●	●	●	●
停				●		●
慢			●	●		
快			●	●		
喷	●	●				
	T	J	53A	53	53B	53E

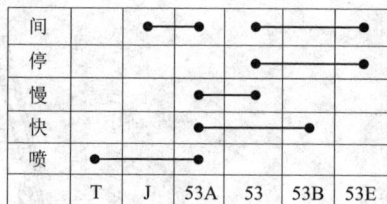

图 6-5　桑塔纳 2000 雨刮开关内部关系图

2. 雨刮间歇继电器

1）间歇继电器的实物与原理

间歇继电器的实物与原理见图 6-6。

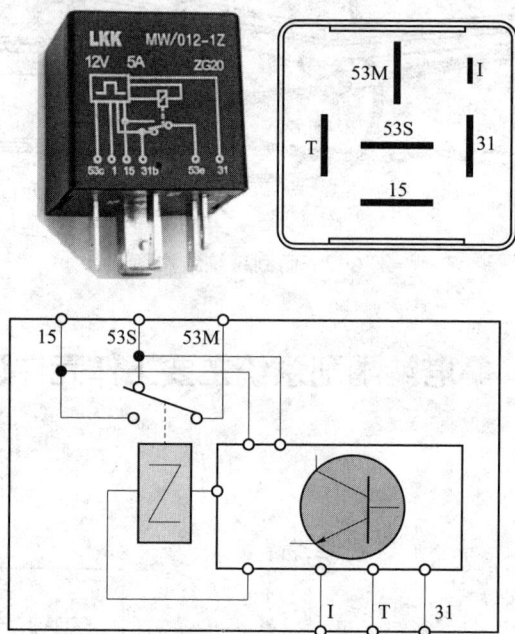

图 6-6　桑塔纳雨刮间歇继电器实物及原理图

15—电源（12 V）；53S—复位开关；53M—雨刮器低速挡；I—间歇；T—喷水点动；31—地线

2）间歇继电器的功能演示

（1）间歇挡演示。当 S1 一直闭合时，继电器通过 15 端子供电，31 端子搭铁同时从 I 端子获得一个间歇工作信号。这时集成电路板会间歇控制继电器的线圈供电，继电器触点 15 端子和 53M 导通；灯泡 L 会间歇工作，发光 50 s 后熄灭，然后 120 s 后再次发光，如此间歇工作（见图 6-7）。

（2）喷水挡演示。当 S2 接触并马上断开后，T 端子会接收到一个喷水间歇工作信号，这时集成电路板会间歇控制继电器的线圈供电，继电器触点 15 端子和 53M 导通，灯泡 L 会工作 120 s 后再熄灭（见图 6-8）。

注意：间歇挡演示中开关 S1 是一直接通的，而喷水挡演示中开关 S2 是触发一下，切不可将 S2 一直接通，不然会损坏间歇继电器。

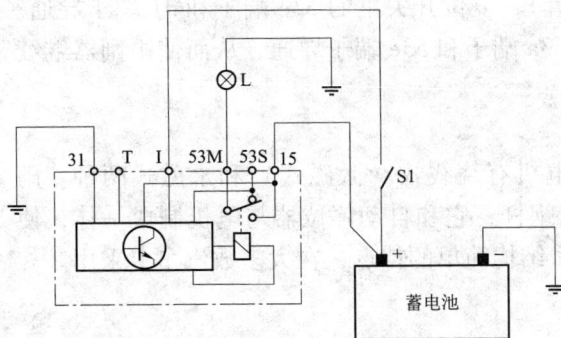

图 6-7　间歇继电器演示线路图 1　　　　图 6-8　间歇继电器演示线路图 2

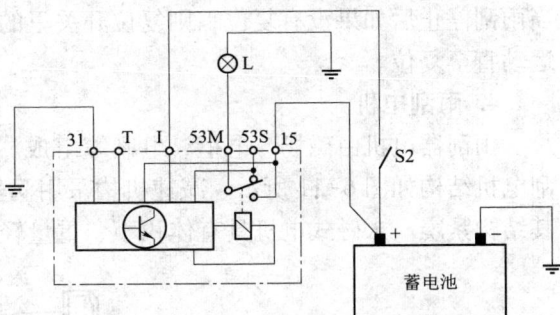

3. 雨刮复位开关

雨刮复位开关内部结构图及简图见图 6-9、图 6-10。

图 6-9　雨刮复位开关内部结构图

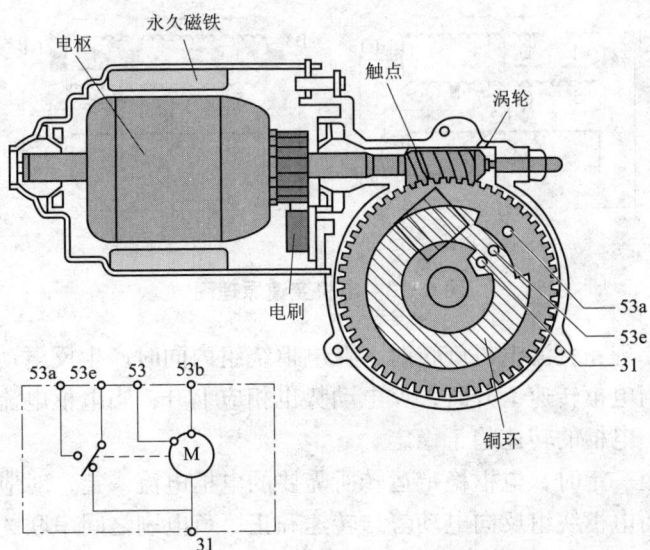

图 6-10　雨刮复位开关简图

当雨刮停止后，处于复位状态（最下端位置），复位开关里的 53e 端子和 31 端子导通。当雨刮停止后如果没有复位，则复位开关里的 53a 端子和 53e 端子导通，从而使雨刮器继续运动直至复位。

4. 雨刮电机

雨刮器电机由磁场、电枢、电刷等组成。电机有绕线式（激磁式）和永磁式两种。雨刮电机结构如图 6-11 所示。减速机构采用涡轮蜗杆，它和自动停位器与电机制成一体，使其结构紧凑。永磁式电机具有体积小、重量轻、结构简单的特点，在大多数汽车上采用。

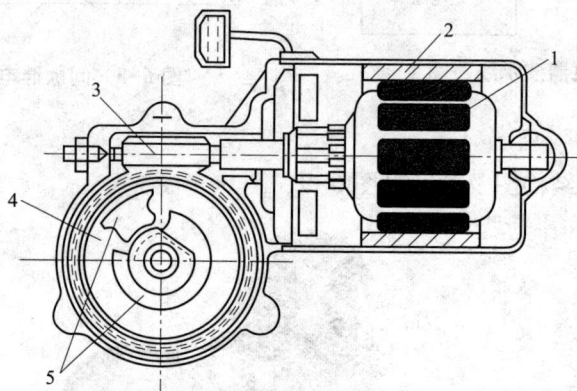

图 6-11　雨刮电机结构图
1—电枢；2—磁极；3—蜗杆；4—涡轮；5—自动停位滑片

永磁式电机的磁场强弱是不能改变的。为了改变工作速度可采用三刷式电机，通过三个电刷可以改变正、负电刷之间串联的电枢绕组个数，从而实现变速。其变速原理如图 6-12 所示。

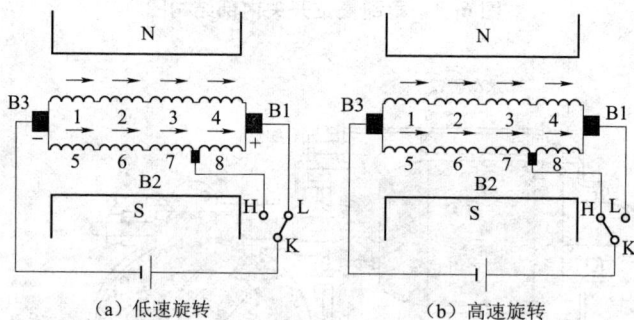

（a）低速旋转　　　　　　　（b）高速旋转

图 6-12　电机变速原理图

雨刮电机工作原理：直流电机旋转时，在电枢绕组内同时产生反电动势，其方向与电枢电流的方向相反；当电枢转速上升时，反电动势也相应上升；当电枢电流产生的电磁力矩与运转阻力矩平衡时，电枢的转速趋于稳定。

由于运转阻力矩一定时，电枢稳定运转所需要的电枢电流一定，对应的电枢绕组反向电动势大小就一定。而电枢绕组反向电动势与转速和正、负电刷之间串联的电枢绕组个数的乘积成正比。电枢绕组反向电动势大小一定时，转速和正、负电刷之间串联的电枢绕组个数成反比，正、负电刷之间串联的电枢绕组个数越多，转速越低；反之，正、负电刷之间串联的电枢绕组个数越少，转速越高。其工作过程如下：当雨刮器开关 K 拨至低速挡 L 时，电源电压加在正、负电刷之间，使其内部形成两条对称的并联支路，一条支路由 1、2、3、4 四个绕组串联组成，另一条支路由 5、6、7、8 四个绕组串联组成。

由于各线圈反向电动势方向相同，相当于 4 对绕组串联，电机以较低转速稳定旋转。当雨刮器开关 K 拨至高速挡 H 时，电源电压加在负电刷与偏置电刷之间。从图中可以看出电枢绕组的一条支路由 1、2、3、4、8 五个绕组串联，另一条支路由 5、6、7 三个绕组串联，其中绕组 8 与绕组 1、2、3、4 的反电动势方向相反。互相抵消后，相当于只有三对绕组串联。因而只有转速升高，使反电动势达到与运转阻力矩相对应的值，才能形成新的平衡。

5. 雨刮洗涤器

洗涤器系统是目前汽车上很普通的装置，它由储水箱、水泵、输水管、喷水嘴组成。其中储水箱一般是 1.5~2 L 的塑料罐，水泵是一种微型电动离心泵（洗涤泵一般直接安装在储水箱上，但也有安装在管路上的，喷射压力为 70~88 kPa），通过它将储水箱的洗涤水输向喷嘴（喷嘴安装在风窗玻璃下面，喷嘴直径一般为 0.8~1 mm，有些喷嘴方向可以调整，使水喷射在风窗玻璃适当的位置。）经 2~4 个喷水嘴的挤压作用将洗涤水分成细小的射流，较均匀喷向挡风玻璃。洗涤泵连续工作一般不超过 1 min，对刮水和洗涤分别控制的汽车，应开动洗涤泵后接通雨刮器。喷水停止后，雨刮器应继续刮动 3~5 次，经过这样的配合，可以达到良好的清洁效果，如图 6-13 所示。

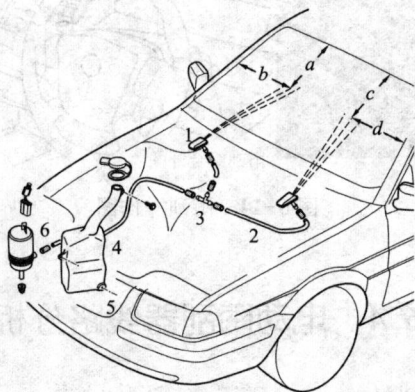

图 6-13　桑塔纳轿车风窗清洗装置安装简图
1—喷嘴；2—软管接头；3—软管；4—风窗清洗液罐；5—密封套；6—风窗清洗泵；
$a=435$ mm；$b=450$ mm；$c=435$ mm；$d=320$ mm

储水箱内装有洗涤液，一般由水或者水与添加剂制成，俗称玻璃水。为了能刮掉挡风玻璃上的油、蜡等物，可在水中加少量的去垢剂和防腐剂。

洗涤器喷嘴调整注意事项具体如下。

（1）不要用针或安全别针等物品清洁或调整洗涤器喷嘴，因为洗涤器喷嘴顶端由树脂制成，可能会被损坏。有些喷洒型洗涤器喷嘴不需要调整，如果必须改变喷嘴角度，可更换一个不同喷嘴角度的洗涤器喷嘴。

（2）如果洗涤器喷嘴被车蜡等物堵塞，将其拆下并用软树脂刷或其他清洁工具清洁喷嘴孔。

（3）注意冬季不用洗涤器时，应将洗涤管中的水倒掉。

除了前挡风玻璃雨刮器外，许多乘用车还装置了后玻璃窗雨刮器，驾驶员雨天能看到车后的东西。有些高级乘用车上的前照灯也安装有类似雨刮器的清洗装置。后玻璃窗雨刮器和前照灯清洗装置没有专门的四连杆机构，只在电机上附加一个紧凑的转换机构（例如齿条齿轮或四连杆机构），将旋转变为摆动。据欧美法规规定，当前照灯脏污到照明度降到 20% 时，前照灯清洗装置应当在 8 s 内洗涤干净污垢，使照明度恢复到 80%。前照灯洗涤用的水由挡风玻璃雨刮器储水箱提供，其喷嘴的位置要设置合理才能使车辆在任何速度下都能使洗涤水喷到灯面上。

6.3　雨刮系统的操作

控制开关：一般情况下在雨刮组合开关手柄上有雨刮器控制拨杆或杆端旋钮开关，设有低速 1 挡（LO）、高速 2 挡（HI）、间歇 3 挡（INT）、0 挡（OFF）等挡位。洗涤器开关在手柄顶端，按下按钮或者上抬雨刮组合开关，有洗涤水喷出，配合雨刮器洗涤挡风玻璃（见图 6-14）。

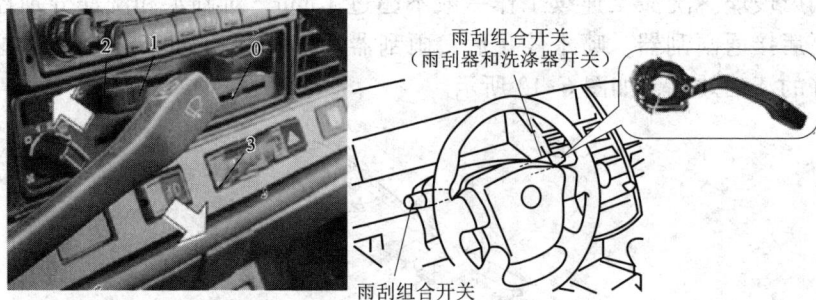

图 6-14　雨刮操作图

6.4　电动雨刮器线路分析

1. 外搭铁式电机线路

外搭铁式电机线路如图 6-15 所示。

（1）当雨刮器开关 12 置于 0 挡时，如果雨刮片没有停到适当位置，则自动复位开关触片 7 与自动复位滑片 9 接触，电流回路为：蓄电池正极—电源开关 2—熔断器 3—电刷 4—电枢绕组—电刷 10—雨刮器开关 12—自动复位触片 7—自动复位滑片 9—搭铁—蓄电池负极。维持雨刮器电动机电路接通，以低速运行。

当雨刮片摆到适当位置后，自动复位触片 7 与自动复位滑片 9 脱开，切断电动机的搭铁线。

电动机断电相当于发电机减速运行，为了使其尽快停止，通过自动复位滑片 8 将自动复位触片 6、7 短接，使电枢通过自动复位滑片 8 和自动复位触片 6、7 构成回路形成电流，产生制动作用，电动机迅速停止运转，使雨刮片停到风窗玻璃的底部。

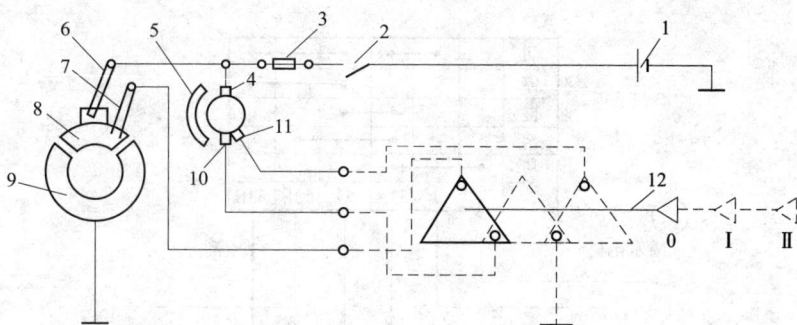

图 6-15 外搭铁式电机线路图
1—蓄电池；2—电源开关；3—熔断器；4、10、11—电刷；5—永久磁铁；
6、7—自动复位触片；8、9—自动复位滑片；12—雨刮器开关

（2）低速控制：如图 6-15 所示，电源开关 2 接通，当雨刮器开关 12 置于 I 挡时，电刷 4、10 工作，电动机通电。因电刷 4、10 间串联的电枢绕组较多，电枢在永久磁场作用下低速运转。电流回路为：蓄电池正极—电源开关 2—熔断器 3—电刷 4—电枢绕组—电刷 10—雨刮器开关 12—搭铁—蓄电池负极。

（3）高速控制：当雨刮器开关 12 置于 II 挡时，电刷 4、11 工作，电动机通电，因电刷 4、11 间串联的电枢绕组减少，电枢在永久磁场作用下高速运转。电流回路为：蓄电池正极—电源开关 2—熔断器 3—电刷 4—电枢绕组—电刷 11—雨刮器开关 12—搭铁—蓄电池负极。

（4）间歇控制：当汽车在细雨或浓雾天气行驶时，因风窗玻璃表面形成的是不连续水滴，如果雨刮器的刮片按一定速度连续动作，风窗口微量的水分和灰尘就会形成发黏的表面，这样不仅不能将风窗玻璃刮拭干净，反而使玻璃模糊不清，影响驾驶员的视线。为避免上述情况，在现代多数轿车雨刮器中设置了间歇继电器。工作时将雨刮开关拨至间歇工作挡位，雨刮器便在间歇继电器的控制下，按每停止 2～12 s 动作一次的规律自动停止和刮拭，使驾驶员获得良好的视野。以上功能主要通过系统中的间歇控制器来实现，间歇控制器有机械式和电子控制式。

2. 内搭铁式电机线路

内搭铁式电机线路见图 6-16。

1）快挡

X 接触继电器—雨刮开关 53A—雨刮开关 53B—雨刮电机 53b—雨刮电机 31—蓄电池负极。

2）慢挡

X 接触继电器—雨刮开关 53A—雨刮开关 53—间歇继电器 53S—间歇继电器 53M—雨刮电机 53—雨刮电机 31—蓄电池负极。

3）间歇挡

雨刮开关 53A—雨刮开关 J—间歇继电器 T—<继电器间歇工作>。

间歇继电器工作时：X 接触继电器—间歇继电器 15—间歇继电器 53M—雨刮电机 53—雨刮电机 31—蓄电池负极—<雨刮电机慢速运转>。

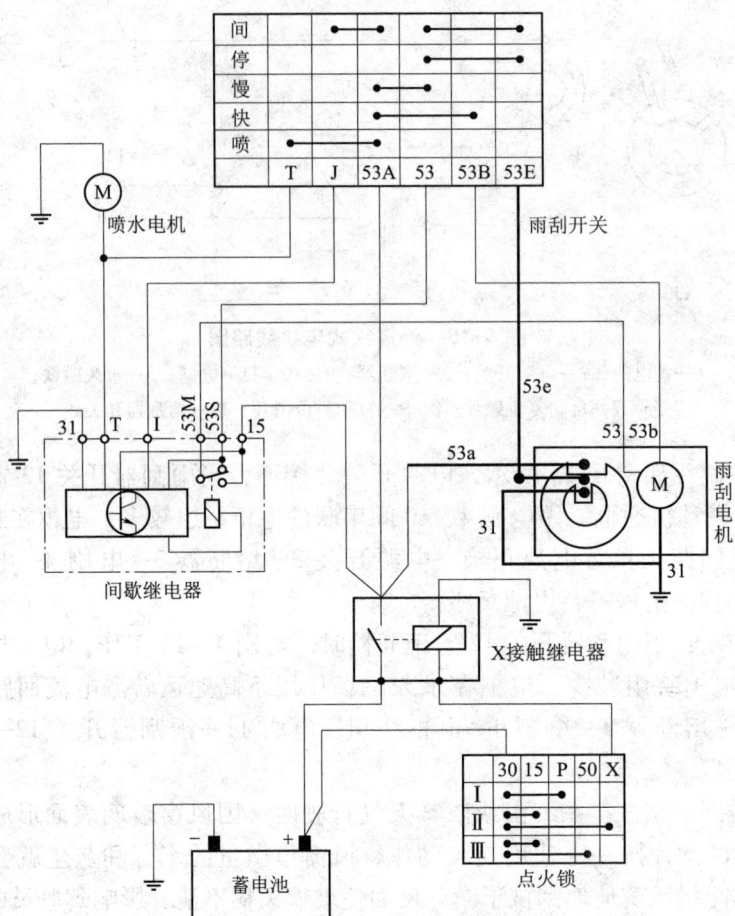

图 6-16 内搭铁式电机线路

间歇继电器不工作时：X 接触继电器—雨刮电机 53a—雨刮电机 53e—雨刮开关 53E—雨刮开关 53—间歇继电器 53S—间歇继电器 53M—雨刮电机 53—雨刮电机 31—蓄电池负极—<雨刮电机慢速运转，直至雨刮片到回位处停下>。

4）停

X 接触继电器—雨刮电机 53a—雨刮电机 53e—雨刮开关 53E—雨刮开关 53—间歇继电器 53S—间歇继电器 53M—雨刮电机 53—雨刮电机 31—蓄电池负极。

5）喷水

X 接触继电器—雨刮开关 53A—雨刮开关 T（—间歇继电器 T—<使间歇继电器控制雨刮电机短暂工作>）—喷水电机正—喷水电机负—蓄电池负极—<喷水电机工作>。

6.5 雨刮系统常见故障

1. 雨刮系统常见故障的诊断与排除

雨刮系统常见故障的诊断与排除见表 6-1。

表 6-1　雨刮系统常见故障的诊断与排除

故障现象	原　　因	诊断与排除
雨刮器各挡都不工作（接通点火开关后，雨刮器开关无论置于哪一挡位，雨刮器均不工作）	1. 熔断器烧断； 2. 雨刮电机或雨刮器开关有故障； 3. 机械传动部分故障； 4. 线路断路或插接件松脱	首先检查熔断器是否熔断，插接件是否松脱，线路有无断路；然后检查开关是否正常；最后检查电机及机械传动部分
个别挡位不工作（接通点火开关后，雨刮器个别挡位（低速、高速或间歇挡）不工作，其余正常）	1. 雨刮电机或开关有故障； 2. 间歇继电器有故障； 3. 线路断路或插接件松脱	如果是高速或低速挡不工作，可先检查该挡位对应的线路是否正常；开关是否正常；最后检查电机电刷。如果是间歇挡不工作，应检查雨刮器开关的间歇挡、所在线路及间歇继电器是否正常
雨刷不能停在正确位置（开关断开或间歇工作时，雨刷不能停在风窗底部）	1. 自动停位装置损坏； 2. 雨刮器开关损坏； 3. 雨刮臂调整不当； 4. 线路连接错误	首先检查雨刮臂的安装是否正确；开关线路连接是否正确；最后检查自动停位机构的触片和滑片接触是否良好
所有喷嘴都不工作或个别喷嘴不工作	1. 清洗电机或开关损坏； 2. 线路断路或插接件松脱； 3. 清洗液液面过低或连接管脱落； 4. 喷嘴堵塞	如果所有喷嘴都不工作，先检查清洗液液面和连接管是否正常；然后检查清洗电机电路及插接件是否有断路或松脱处；再检查开关和电机是否正常。 如是个别喷嘴不工作，则是喷嘴堵塞或输液支管出现问题

目前，汽车上普遍使用电动雨刮器。雨刮器虽小，但若使用不当，可能使其部件损坏而影响雨天驾驶员的视线，危及行车安全。使用雨刮器应注意以下问题：

（1）定期检查电动货车雨刮器刮片。当发现雨刮器刮片严重磨损或脏污时应及时更换或清洗，否则将降低雨刮器的工作效能，影响驾驶员视线。清洗雨刮器刮片时，可用蘸有酒精清洗剂的棉纱轻轻擦去刮片上的污物。刮片不可用汽油清洗和浸泡，否则刮片会变形而影响其工作。

（2）检查雨刮器工作情况时，应先用水润湿挡风玻璃，否则会刮伤玻璃，同时由于刮片摩擦阻力大，可能损伤刮片或烧坏电机。打开雨刮开关后，应注意电机有无异响，尤其当雨刮电机"嗡嗡"响而不转动时，说明其机械传动部分已锈死或卡住，应立即关闭雨刮开关，以防烧毁电机。

（3）使用中关闭雨刮开关后，电动货车雨刮器刮片应回到挡风玻璃下侧后停止。若停止位置不对，应加以调整。调整时可转动自动停止器的盖子，顺时针转动停止位置缩短，逆时针转动则停止位置延长。

（4）冬季使用雨刮器时，若其刮片被冰冻住或被雪团卡住，应立即关闭开关，清除冰块、雪团后方可继续使用，否则会因刮片阻力过大而烧坏电机。

（5）不要随意拆下电机。若因故障确需拆下电机时，切勿使电机跌落、碰撞。因为雨刮电机大多利用永磁直流电机，其磁极多采用陶瓷材料，受冲击易损坏。

（6）雨刮电机多为封闭式，不可随意拆卸。必须拆卸时，要保持内部清洁，不可让铁屑之类的污物落入其中；装配时要给含油轴承的毛毡加注少许润滑油，并更换或补充减速器内的润滑脂。

2. 桑塔纳雨刮系统电器部件位置

桑塔纳中央线路板正面布置见图6-17，中央线路板上的保险丝见表6-2。

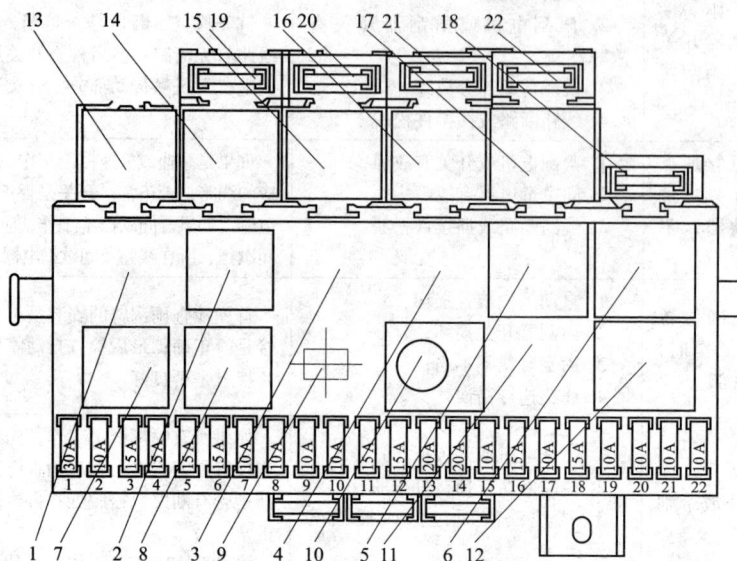

图6-17　桑塔纳中央线路板正面布置

1—空位；2—进气歧管预热继电器；3—空位；4—空位；5—空调组合继电器；6—双音喇叭继电器；
7—雾灯继电器；8—X接触继电器；9—拆卸保险丝专用工具；10—前风窗雨刮及清洗继电器；
11—空位；12—转向继电器；13—冷却风扇继电器；14—摇窗机继电器；15—摇窗机继电器；
16—内部照明继电器；17—冷却液位指示继电器；18—后雾灯保险丝（10 A）；
19—过热保护器；20—空调保险丝（30 A）；21—自动天线保险丝（10 A）；22—电动后视镜保险丝（3 A）

表6-2　中央线路板上的保险丝　　　　　　　　　　　　　　单位：A

编号	名　称	额定电流	编号	名　称	额定电流
1	散热器风扇	30	13	后风窗加热器	20
2	制动灯	10	14	鼓风机（空调）	20
3	点烟器、收音机、钟、车内灯、中央集控门锁	15	15	倒车灯、车速传感器	10
4	危险报警闪光灯	15	16	进气预热器温控开关、怠速切断电磁阀	15
5	燃油泵	15	17	双音喇叭	10
6	前雾灯	15	18	驻车制动	15
7	尾灯和停车灯（左）	10	19	转向灯	10
8	尾灯和停车灯（右）	10	20	牌照灯、杂物箱照明灯	10
9	前照灯远光（右）	10	21	前照灯近光（左）	10
10	前照灯远光（左）	10	22	前照灯近光（右）	10
11	前风窗雨刮器及清洗装置	15	23	后雾灯	10
12	电动摇窗机	15	24	空调	30

编号	名　　称	额定电流	编号	名　　称	额定电流
25	自动无线	10	27	ECU	10
26	电动后视镜	3			

注：保险丝23～27为桑塔纳2000 GSi型轿车的编号，插在中央线路板的旁边。

3. 桑塔纳轿车的各种线束布置

桑塔纳轿车的各种线束布置见图6-18～6-21。

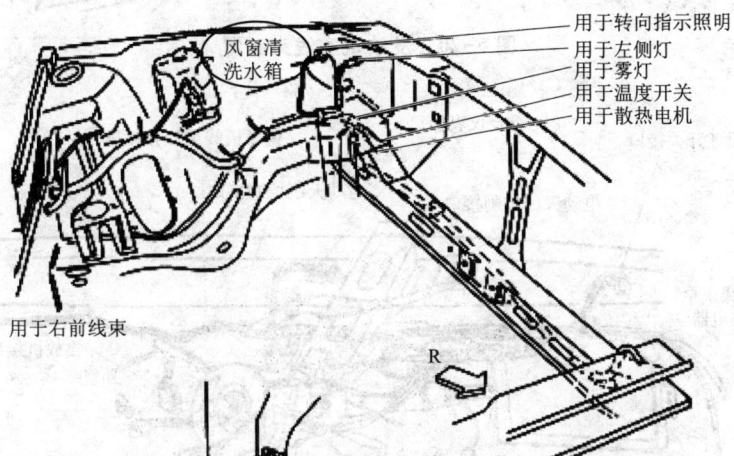

图6-18　发动机室左侧线束布置

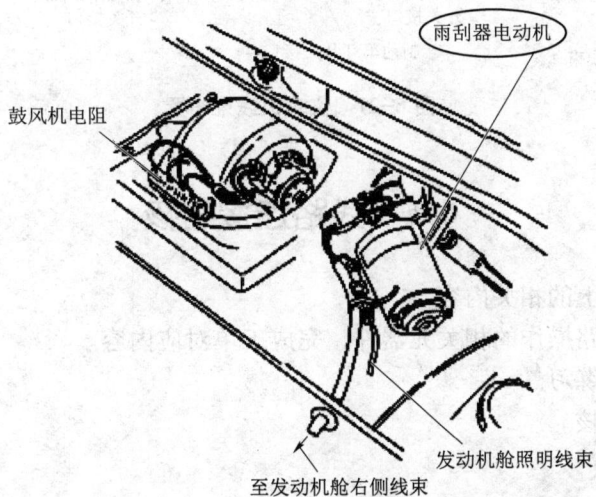

图6-19　发动机室照明线束布置

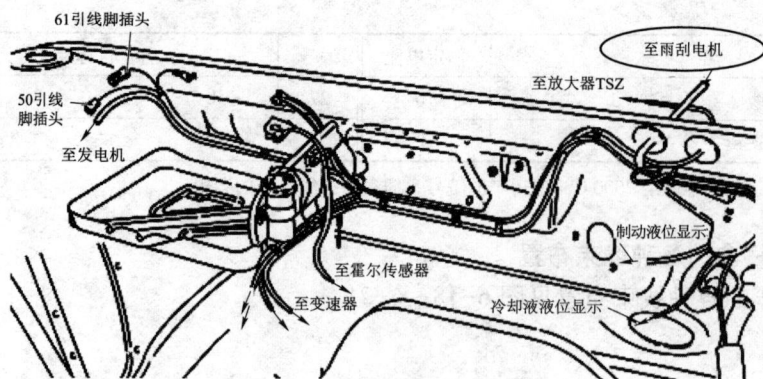

图 6-20 发动机室线束布置

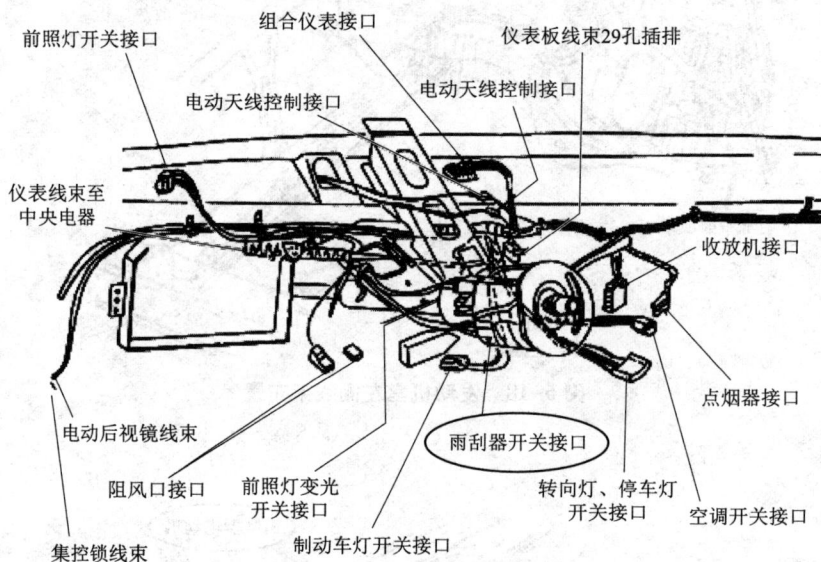

图 6-21 仪表板线束布置

6.6 线路连接考核

（1）学习指导书上的相关内容。

（2）熟悉连接线路操作的相关元器件，完成工单对应内容。

（3）分小组进行练习。

（4）教师抽查考核。

项目 7   前照灯及雾灯系统检修

实训目标：

(1) 了解前照灯及雾灯部分的组成。

(2) 熟知汽车灯光部分的操作。

(3) 能够看懂电路图，并根据电路图在实训台上完成实物线路连接。

(4) 会对前照灯及雾灯系统的常见故障做出判断并排除。

7.1   前照灯及雾灯系统的认识

前照灯（见图 7-1）的主要用途是照明车前的道路和物体，确保行车安全。还可以利用远光、近光交替变换作为夜间超车信号。前照灯安装在汽车头部的两侧，每辆车装 2 只或 4 只。灯泡功率为远光灯 45～60 W，近光灯 25～55 W。

图 7-1   前照灯效果图

雾灯（见图 7-2）是在大雾天气里使用的灯光信号，雾灯在雾中的穿透力更强，因此更容易让车辆或行人及早注意到。雾灯分前雾灯和后雾灯，前雾灯一般为明亮的白色，后雾灯则为红色。后雾灯的标志和前雾灯有一点区别，前雾灯标志的灯光线条是向下的，后雾灯的是平行的，一般位于车内的仪表控制台上。由于雾灯亮度高、穿透性强，不会因雾气而产生漫反射，所以正确使用能够有效预防事故的发生。在有雾的天气，前后雾灯通常是一起使用的。

图 7-2   雾灯效果图

7.2 前照灯及雾灯系统主要元件介绍

1. 前照灯及雾灯开关

汽车的前照灯开关一般设置在方向盘左下角的拨杆上，如图7-3所示。

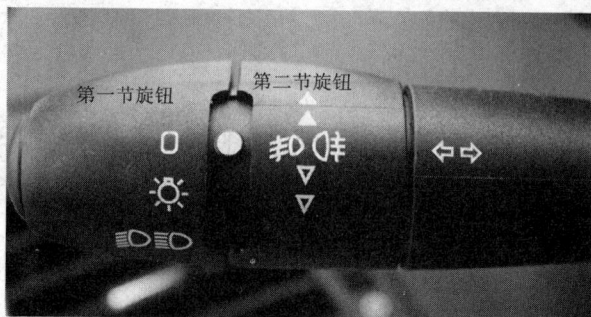

第一节旋钮　第二节旋钮

图7-3 前照灯及雾灯开关图

现在是停的位置，中间的白色圆点对应着O。

旋动第一节旋钮，当中间的白色圆点对应 ☀ 时，全车的小灯（示廓灯）点亮。

继续旋动第一节旋钮，当中间的白色圆点对应 ▣◐▣ 时，前照灯会点亮。

如果要实现变光，则要通过整体上下拨动操作杆来实现。

向上旋动第二节旋钮，转动一下时，前雾灯会打开，继续转动时，前后雾灯都打开。

有一些车型，它们的前照灯开关不在方向盘左下角的拨杆上，而是在方向盘左下角的仪表台上，如桑塔纳、奇瑞、捷达、标致的一些车型都采用这种开关，如图7-4所示。

图7-4 捷达前照灯及雾灯开关图

2. 前照灯

前照灯由灯泡、反射镜、配光镜三部分组成，如图7-5所示。

1）灯泡

汽车所采用的灯泡，随着科技的不断发展也越来越先进，最早使用的是普通的充气灯泡，由于其灯丝很容易升华成气体而被抛弃。后来人们逐渐采用的是卤钨灯泡，在灯泡里加

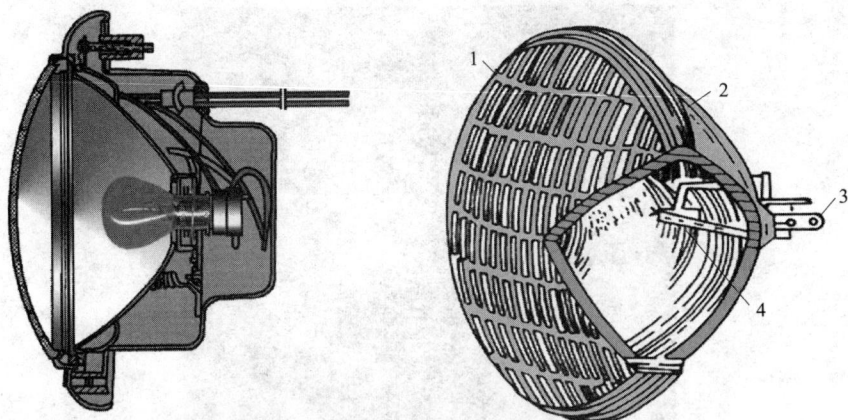

图 7-5　前照灯结构图

1—配光镜；2—反射镜；3—插头；4—灯丝

入了氮气或惰性气体，保证了其工作的稳定性。为了追求更高的性价比，大多数汽车的前照灯都采用了新型的高压放电氙灯。

（1）充气灯泡（见图 7-6）。

图 7-6　充气灯泡

① 充入的气体：氮气，以及惰性气体氦、氖、氩等。

② 优点：可以避免钨丝氧化，阻止钨丝升华。

③ 缺点：气体会把更多的热量传递给玻壳，并通过玻壳散失到周围的空间，结果是增加了热的损失，降低了发光效率。

（2）卤钨灯泡（见图 7-7）。

① 在充气灯泡充填的惰性气体中加入微量卤素（碘、溴）或卤化物而制成的灯泡。

② 优点：结构简单，光色好，发光柔和稳定，成本低，使用方便。外壳用耐高温且机械强度较高的石英玻璃或者硬玻璃制成，可以充入较高压力的气体。灯泡内工作气压高，可以更有效抑制钨的蒸发。

③ 缺点：光效低、耗电大、寿命短，逐步为节能电光源取代。

图7-7 卤钨灯泡

卤钨灯泡（见图7-8）从外形上分H1、H2、H3、H4四种，其中H4双灯丝灯泡广泛用于前照灯，H1、H2、H3灯泡为单灯丝灯泡，常用作辅助前照灯（雾灯）。

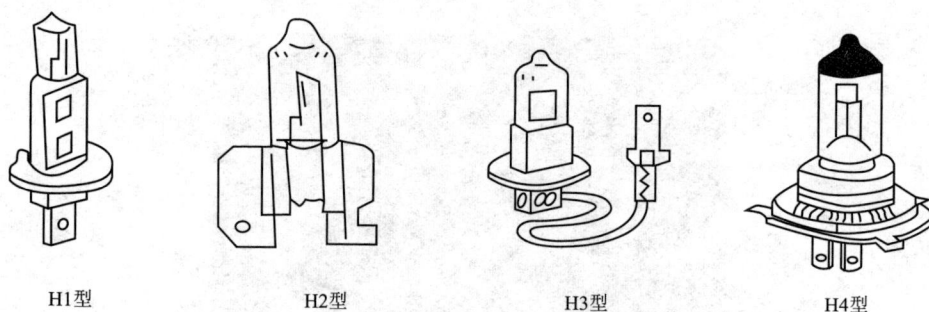

H1型　　　　　　　H2型　　　　　　　H3型　　　　　　　H4型

图7-8 卤钨灯泡四种类型图

（3）新型高压放电氙灯（见图7-9、图7-10）。

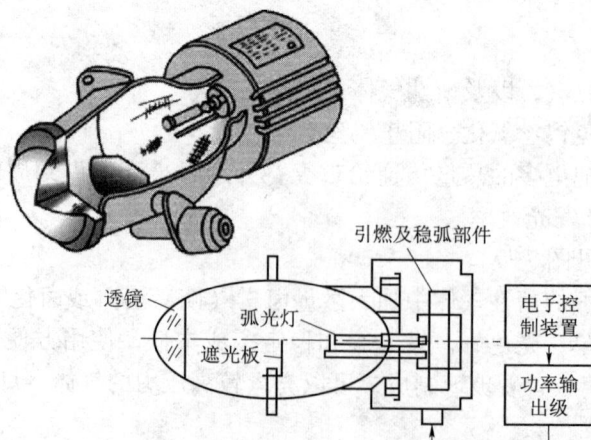

图7-9 新型高压放电氙灯结构图

图 7-10　新型高压放电氙灯效果图

①　这种灯的灯泡里没有灯丝，取而代之的是装在石英管内的两个电极，管内充有氙及微量金属（或金属卤化物）。

②　结构：由小型石英灯泡、变压器和电子控制器组成。

③　工作原理：在电极上加上数万伏的引弧电压后，气体开始电离而导电，气体原子即处于激发状态，使电子发生能级跃迁而开始发光，电极间蒸发少量水银蒸气，光源立即引起水银蒸气弧光放电，待温度上升后再转入卤化物弧光灯工作。

④　优点：高出传统卤素灯三倍的亮度效率；使用寿命长（2 500 小时）；电能消耗小（节能近 1/2）；色光好（跟太阳光相似），可以有效减少驾驶人的视觉疲劳。

⑤　缺点：价格高。

2）反射镜

反射镜反射原理见图 7-11。

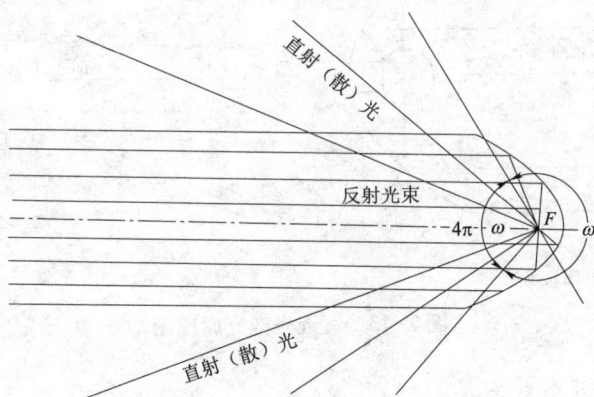

图 7-11　反射镜反射原理图

（1）作用：将灯泡的光线聚合并导向远方。

（2）材料：薄钢板、玻璃和塑料等，表面是旋转抛物面，内表面镀银、铝或铬，再进行抛光。

3）配光镜

配光镜见图 7-12。

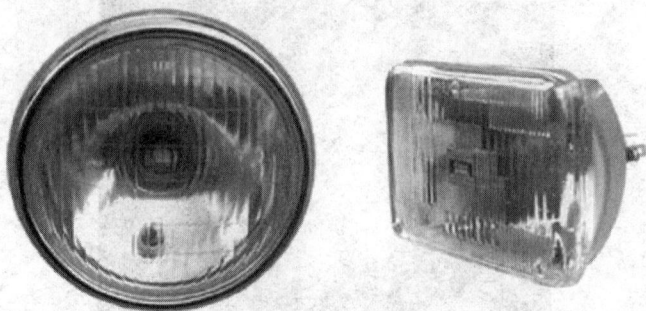

图 7-12 配光镜

（1）配光镜又称散光玻璃，它是用透光玻璃压制而成，是很多块特殊的棱镜和透镜的组合。

（2）其几何形状比较复杂，外形一般为圆形和矩形。

（3）配光镜的作用是将反射镜反射出的平行光束进行折射，使车前路面和路线都有良好而均匀的照明。

7.3   前照灯避免眩目的措施

1）前照灯采用远近光变光措施

远光位于反射镜焦点上，近光位于焦点的上方偏右（见图 7-13）。

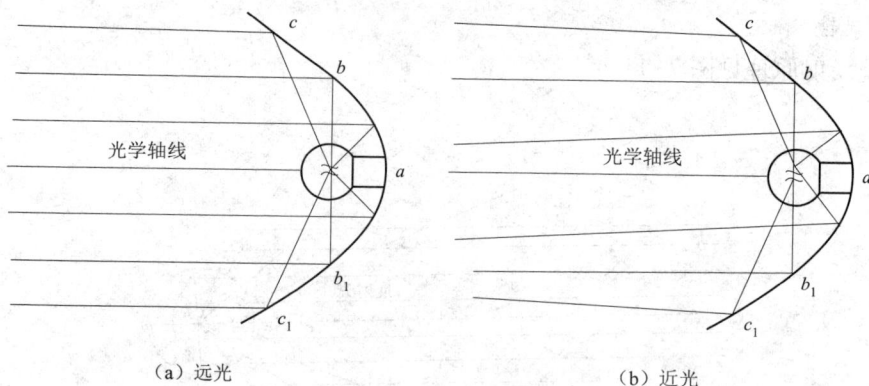

（a）远光   （b）近光

图 7-13   远近光变光原理图

2）在近光灯丝下设置配光屏

配光屏遮挡灯丝射向反光镜下半部的光线，极大地减少了引起对面驾驶员眩目的光线；而射向反射镜上部的光线反射后倾向路面，满足了汽车近距离范围内的照明需要（见图 7-14）。

3）对称式配光

利用配光屏安装时偏转角度的不同分为多种非对称式配光。

Z 型配光屏，其明暗截止线呈 Z 型，它不仅避免对面来车驾驶员的眩目，还可以防止对面行人和非机动车使用者眩目（见图 7-15）。

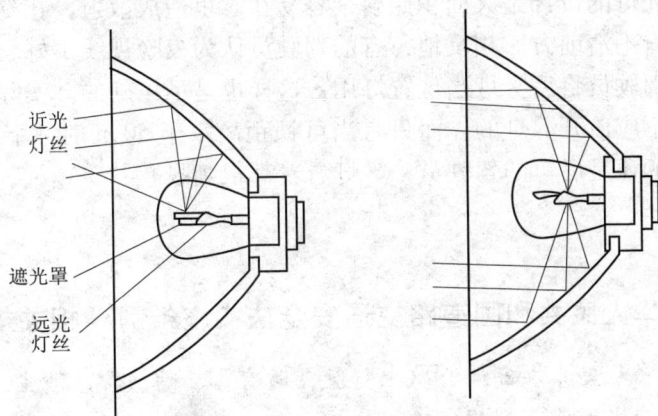

图 7-14 近光灯配光屏图

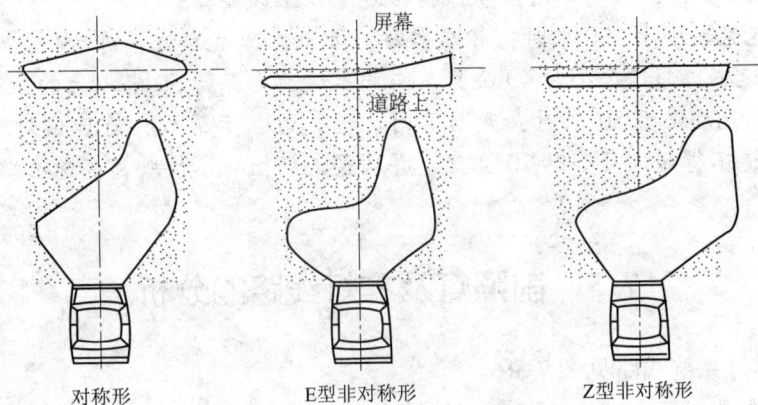

图 7-15 不同的配光效果图

7.4 远近光及雾灯的合理使用

1. 远近光的使用

汽车远光灯一般适用于夜间在没有路灯或照明不良的道路，例如在光线较暗的国道或高速公路上行驶时使用。如果车速在 30 km/h 以下时应使用近光灯，而车速在 30 km/h 以上时，便可使用远光灯，这样灯光可照射到 150 m 以外，以保证驾驶安全。在对向车相距 150 m 时，应将远光灯变为近光灯，这是为了避免妨碍对面驾驶员的视线。如果对方不改近光，应立即减速并连续使用变换远近光的办法来示意；对方如仍不改变，则应减速靠右停车避让，切勿斗气以强光对射，以免损害双方视觉而酿成车祸。

在照明设施齐全的城市里，在观察道路指示牌、远处过路的行人、车辆时才需要用到远光灯。

2. 雾灯的使用

遇到雾、雨、雪天气，视线不清的时候，就必须打开前雾灯，白天也不能例外。许多车型都将雾灯设计成跟位置灯或近光灯共同使用。有的驾驶员在大雾天气只使用远光灯，这是很危险的。因为远光灯的设计是大面积照射，容易在雾里造成散射，在驾驶员眼前造成散射光团、一片雪白，看不清前方。相反地，有的驾驶员认为夜晚视线不好，会将雾灯和前照灯一并打开，还有些驾驶员将后雾灯当位置灯用，这样也是不正确的。实际上如果不是在有雾或者风沙天气，是不应该开雾灯的，而只有当可视距离小于 50 m 时才能使用后雾灯。因为无论是对于对面车辆还是后车的驾驶员，雾灯看着都很刺眼。

小资料：

《中华人民共和国道路交通安全法实施条例》相关规定

第八十一条 机动车在高速公路上行驶，遇有雾、雨、雪、沙尘、冰雹等低能见度气象条件时，应当遵守下列规定：

（一）能见度小于 200 米时，开启雾灯、近光灯、示廓灯和前后位灯，车速不得超过每小时 60 公里，与同车道前车保持 100 米以上的距离；

（二）能见度小于 100 米时，开启雾灯、近光灯、示廓灯、前后位灯和危险报警闪光灯，车速不得超过每小时 40 公里，与同车道前车保持 50 米以上的距离；

（三）能见度小于 50 米时，开启雾灯、近光灯、示廓灯、前后位灯和危险报警闪光灯，车速不得超过每小时 20 公里，并从最近的出口尽快驶离高速公路。

7.5 前照灯及雾灯线路的分析

前照灯及雾灯系统线路见图 7-16。

1）远近光线路

打开点火锁，电流由蓄电池—点火锁 30 端子—X 端子—X 接触继电器线圈，使其吸合，然后电流由蓄电池—X 接触继电器触点—大灯开关 X 端子—打开大灯开关Ⅲ挡—大灯开关 56 端子 $-\begin{cases}\text{打开近光灯时，电流由大灯开关 56 端子—变光开关 56B 端子，近光灯接地。}\\\text{打开远光灯时，电流由大灯开关 56 端子—变光开关 56A 端子，远光灯接地。}\end{cases}$

2）超车灯线路

电流由蓄电池—变光开关 30 端子—打开超车灯—变光开关 56A 端子—远光灯接地。

3）雾灯线路

点火锁置于Ⅱ挡位置，电流由蓄电池—X 接触继电器触点—雾灯继电器触点。此时线圈没有吸合，触点断开。

将大灯开关置于Ⅱ挡或Ⅲ挡位置时，电流由蓄电池—大灯开关 30 端子—大灯开关 58 端子—雾灯继电器线圈，对其供电。此时雾灯继电器工作，触点闭合。

电流由雾灯继电器触点到达雾灯开关 15 端子，雾灯开关打到Ⅱ挡，电流到达雾灯开关 83a 端子，点亮前雾灯。雾灯开关打到Ⅲ挡，电流到达雾灯开关 83a 和 83b 端子，点亮前后雾灯。

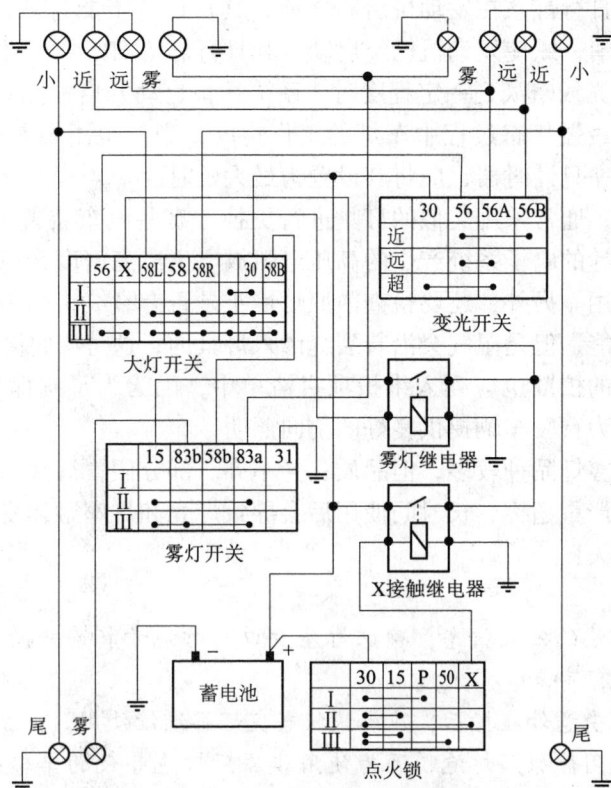

图 7-16　前照灯及雾灯系统线路图

7.6　前照灯及雾灯的检修

　　车灯的故障绝不仅限于灯泡烧坏、插座锈蚀或插头损坏这一类的小问题，往往需要采取专业的诊断技术来分析故障发生的根本原因。即使是那些低价位的汽车，其内部和外部灯具也是由主计算机进行控制的；而那些豪华汽车，仅其前照灯就由 3 台计算机进行控制。灯泡选配见图 7-17。

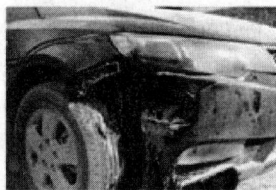

假冒灯泡　　　　　　　假冒灯泡导致车辆烧损　　　　　　　对比：左真　右假

图 7-17　灯泡选配

如果汽车配备了日行灯系 DRLs（daytime running lamps），必须首先了解这些装置的工作原理。例如，某些日行灯系在发动机启动之前，其日行灯不能打开；还有一些日行灯系，如果驻车制动尚未取消，纵使发动机已经启动，其日行灯依旧不能正常工作。如果车辆装备了光控灯（即当外界光线暗淡到一定程度时，系统具备自动开启前照灯的功能），不妨检查一下感光性从最弱到最强状态过程中车灯的工作情况，当然也不要忽略检查自动关闭计时器。如果系统装备有一只计时器，应将其设置为最大延时。

如果前照灯损坏，通常采用类似的灯具进行更换。有些汽车装备了高强度放电前照灯，该设备通过其预先设计的电子系统产生的高压电弧放电生成高密度光源。注意，普通的石英卤素灯泡不能在此应用。另外，还要检查前照灯镜头是否有裂纹，因为虽然表面裂纹并不会影响前照灯的照明性能，但是湿气会沿着裂缝渗入灯具内，这势必将降低灯泡的使用寿命。

前照灯光照方向的校准也应列入维护项目清单中，因为为了确保驾驶员行车的最大安全，前照灯必须能够为行驶车辆提供良好的前向照明。

汽配市场供应的雾灯品种较多，但品质良莠不齐。部分假冒灯泡的实际功率远远大于其标注的功率，发热量严重超标，长时间使用后会导致灯壳和灯座融化变形，严重的会引发车辆起火，造成严重损失！

注意：

（1）定期检查灯泡的安装状态，确认灯座卡口与灯泡卡扣连接紧密牢固，无融化变形现象，长时间工作没有异味。

（2）灯泡部位在受意外碰撞后，应确认状态良好再继续使用。

（3）建议不要使用非原厂灯泡，因为使用非原厂灯泡导致的车辆受损不在质量担保范围内。

7.7　线路连接考核

（1）学习指导书上的相关内容。

（2）熟悉连接线路操作的相关元器件，完成工单对应内容。

（3）分小组进行练习。

（4）教师抽查考核。

项目 8 汽车防盗系统检修

实训目标：
（1）认识汽车防盗系统。
（2）了解汽车防盗系统的组成部件。
（3）学会汽车防盗系统电路图的分析。
（4）能够进行简单的汽车防盗系统排故。

8.1 汽车防盗系统的认识

汽车防盗报警器就是安装在汽车内部的防盗装置，与汽车相关电路连接，可以锁止启动机供油或点火系统的电路，起到阻吓、防盗的作用。防盗系统元件见图8-1。

功能主要有遥控开关汽车中控锁，增加车辆在启动之后踩刹车下锁，关匙之后开锁，开车门闪灯、阻吓、紧急呼救寻车、中控锁自动化，有必要时还可以防盗（选择性）。

图8-1 防盗系统元件

8.2 汽车防盗系统功能

1. 机械式防盗系统

机械式防盗锁（见图8-2）主要起到限制车辆操作的作用，对防盗方面能够提供的帮助有限，很难抵挡住铁撬、钢锯、大剪刀等重型工具的盗窃。但能拖延偷车贼作案的时间却是事实，一般偷车贼要用几十秒甚至几分钟才能撬开方向盘锁，变速杆锁的破坏时间还要长一点。

2. 电子式防盗系统

电子式防盗锁（见图8-3）是目前应用最广的防盗锁之一，分为单向和双向两种。单向电子式防盗系统的主要功能是车的开关门、振动或非法开启车门报警等，也有一些产品根据客户的需求增加了一些功能，可用电子遥控器来完成发动机启动、熄火等。双向可视的电

图 8-2　机械式防盗锁

子式防盗系统相比单向的更为直观，能彻底让车主知道汽车现时的情况，当车有异动报警时，同时遥控器上的液晶显示器会显示汽车遭遇的状况，缺点是有效范围只有 100～200 m。电子式防盗锁的致命伤在于其电子密码和遥控操作方式，当车主用遥控器开关车门时，匿藏在附近的偷车贼可以用接收器或扫描器盗取遥控器发出的无线电波或红外线，再经过解码，就可以开启汽车的防盗系统。

图 8-3　电子式防盗锁

3. 芯片式数码防盗器

芯片式数码防盗器是现在汽车防盗器发展的重点，大多数轿车均采用这种防盗方式作为原配防盗器。

芯片式数码防盗器基本原理是锁住汽车的马达、电路和油路，在没有芯片钥匙的情况下无法启动车辆。数字化的密码重码率极低，而且要用密码钥匙接触车上的密码锁才能开锁，杜绝了被扫描的弊病。目前进口的很多高档车，国产的大众、广州本田、派力奥等车型已装有原厂的芯片式数码防盗系统。

目前芯片式数码防盗器已经发展到第四代，最新面世的第四代芯片式数码防盗系统（见图 8-4），具有特殊诊断功能，即已获授权者在读取钥匙保密信息时，能够得到该防盗系统的历史信息。系统中经授权的备用钥匙数目、时间印记及其他背景信息，成为收发器安全特性的组成部分。第四代防盗系统除了比以往的防盗系统更有效地起到防盗作用外，还具有其他先进之处：它独特的射频识别技术（RFID）可以保证系统在任何情况下都能正确识别车主，在车主接近或远离车辆时可自动识别其身份，自动打开或关闭车锁；无论在车内还是车外，独创的 TMS37211 器件能够轻松探测到电子钥匙的位置。

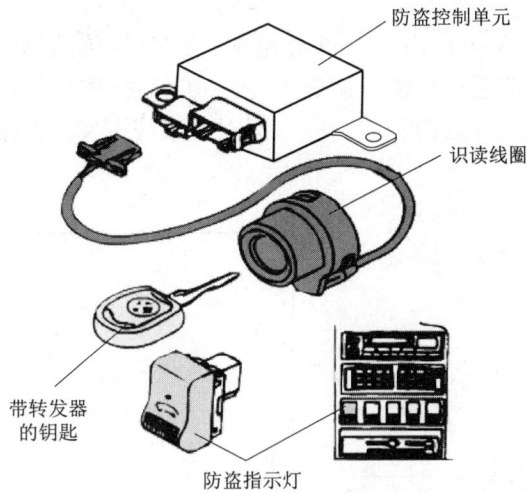

图 8-4　芯片式数码防盗系统

4. 网络防盗系统

网络防盗是指通过网络来实现汽车的开关门、启动马达、截停汽车、汽车的定位，以及车辆会根据车主的要求提供远程的车况报告等功能。网络防盗主要是突破了距离的限制。

目前主要使用的网络有无线网络（BB 机网络）、GPS（卫星定位系统），其中应用最广的就是 GPS。

当前主要采用的是电子防盗系统，按系统中是否使用微机处理系统，电子防盗系统可分为普通电子防盗系统和微机控制防盗系统。目前，中低档汽车上所采用的防盗系统多为振动触发的普通电子防盗系统，中高档汽车采用的防盗系统多为微机控制的电子钥匙式发动机防盗系统。

当电子式防盗系统启动后，如有非法移动车辆、划破玻璃、破坏点火开关锁芯、拆卸轮胎和音响、打开燃油箱加注盖、打开行李箱门等，防盗系统立即报警（见图 8-5）。

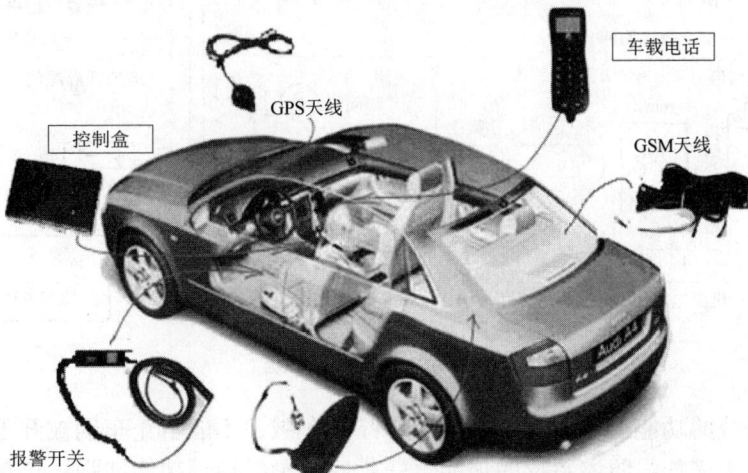

图 8-5　GPS 防盗系统

8.3　电子防盗系统的组成和工作原理

电子防盗系统（见图8-6）由三个部分组成：开关和传感器、防盗 ECU、执行机构。当用钥匙锁好车门时，系统进行自检，防盗灯亮，30 s 后防盗灯开始闪烁，表明系统启动进入警戒状态。当第三方试图开启门锁或打开车门时，系统则发出警报。

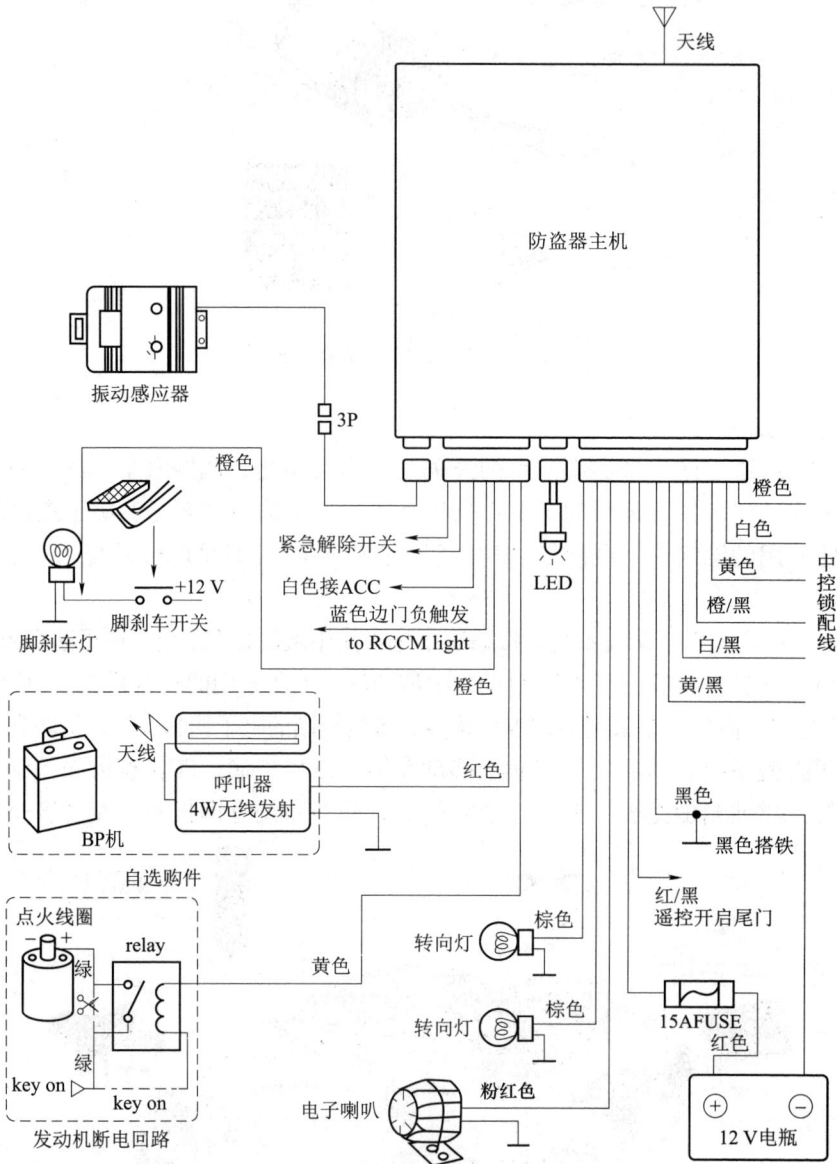

图8-6　电子防盗系统

　　这种防盗系统的功能简单，只能报警和恐吓窃车贼，不能阻止车辆被开走或搬走，所以又从两个方面入手来加强防盗系统的功能。一是使中央门控锁功能增强；二是当前功能失效时增强锁止功能。

1. 增强中央门控锁功能

1) 测量钥匙电阻

车辆的每把钥匙均设有一定电阻，每辆车的中央控制计算机将记住该电阻值。当出现 PASS-KEY 故障代码后，所有车门被锁住，此时若用齿形相同但阻值不同的钥匙开启车门或启动发动机，则防盗系统认为是非法。这时防盗喇叭会响，同时会切断启动断电器控制线圈的搭铁回路，使启动机不能工作，同时控制发动机计算机使喷油器不喷油（见图8-7）。

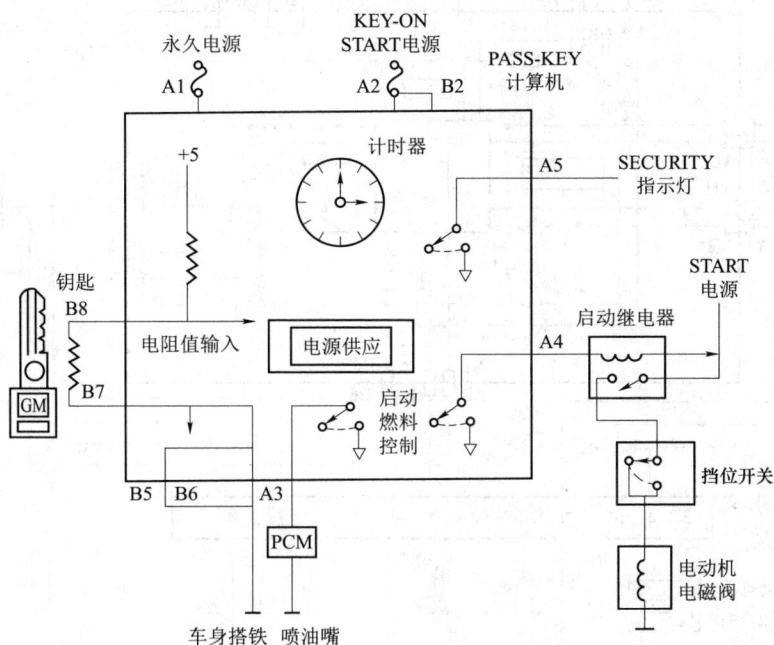

图8-7 沃尔沃轿车钥匙电阻防盗系统图

2) 加装密码锁

车用密码锁的功能与钥匙、遥控器处于同一地位，即用其中任何一种方法都可以打开车门。这样，加装密码锁后，车主就无须保管好钥匙或遥控器以免丢失而头疼。密码锁有十位键，而密码则一般取五位数。也就是说，密码共有十万种组合，已设定的密码也可以由车主任意改变，所以车主不必担心密码被窃取。

3) 遥控器增加保险功能

对于窃贼来说，只要能复制遥控器就可以轻松打开车门。为防止遥控器被复制，有些车采用一种新的遥控器，它与防盗计算机配合，由固定程序设定频率，即每次车主重新锁门后，遥控器与接收器均按事先设定的程序同时改变另一频率，这样遥控器便无法复制。

2. 增强汽车锁止功能

1) 使启动机无法工作

图8-8为沃尔沃轿车的防盗系统电路。右上角有一根线是接启动机断电器的。该线外端连接至断电器控制电路，通过防盗计算机来控制该线是否搭铁，从而控制断电器是否闭合，这样就达到控制启动机能否工作的目的。

若正常解除防盗警戒，则启动机与喇叭、灯光都处于正常工作状态；若非法进入而启动车辆，即使短接钥匙孔后面的启动线，也无法将发动机启动，以达到防盗的目的。

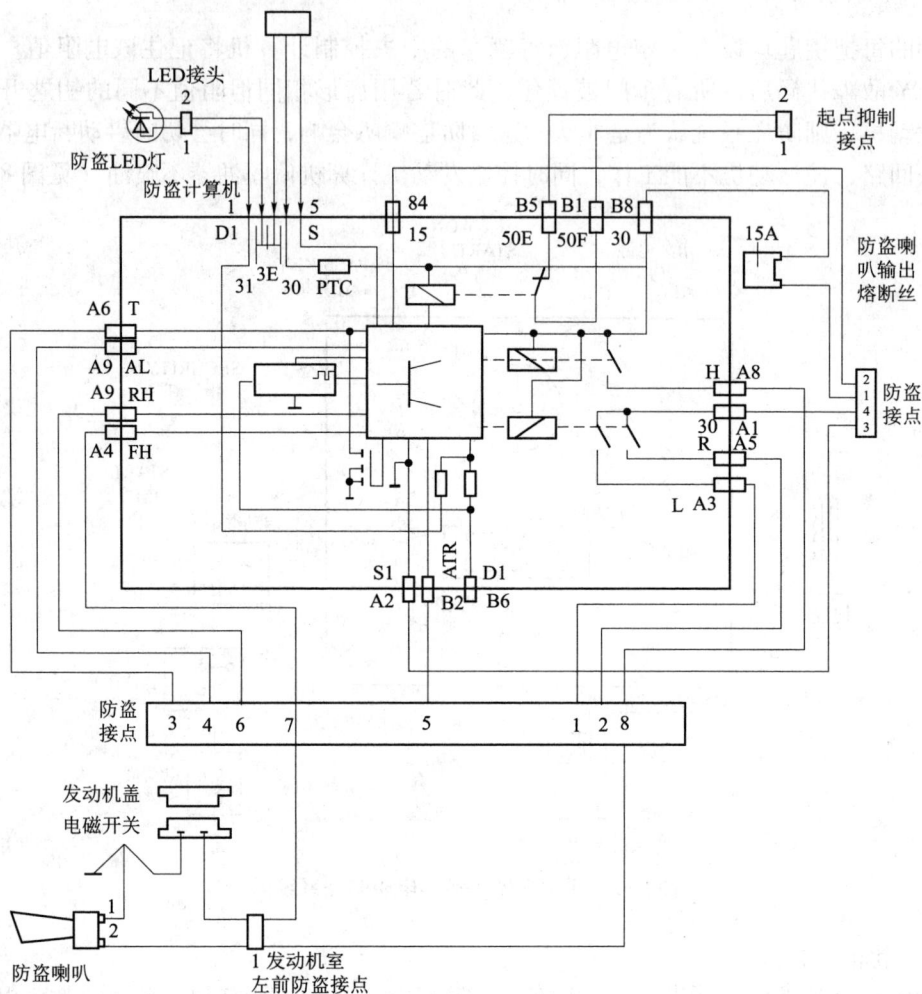

图8-8　沃尔沃轿车防盗系统电路

2）使变速箱无法工作

图8-9为变速箱控制防盗系统电路。该车防盗计算机不仅控制启动电路，同时也可以切断汽油泵断电器控制线路，使发动机处于无油供给状态；另外又控制自动变速器断电器控制电路，使自动变速器液压控制阀体的电磁阀无法打开，使变速器无法工作。

3）使发动机计算机处于非工作状态

防盗计算机通过连线把某一特定频率的信号送到发动机计算机，防盗警戒解除后，防盗计算机发出这一信号给发动机ECU，这样才能使发动机ECU正常工作。若未解除防盗警戒或直接切断防盗计算机电源，则该信号不存在，发动机ECU停止工作，发动机不能运转。

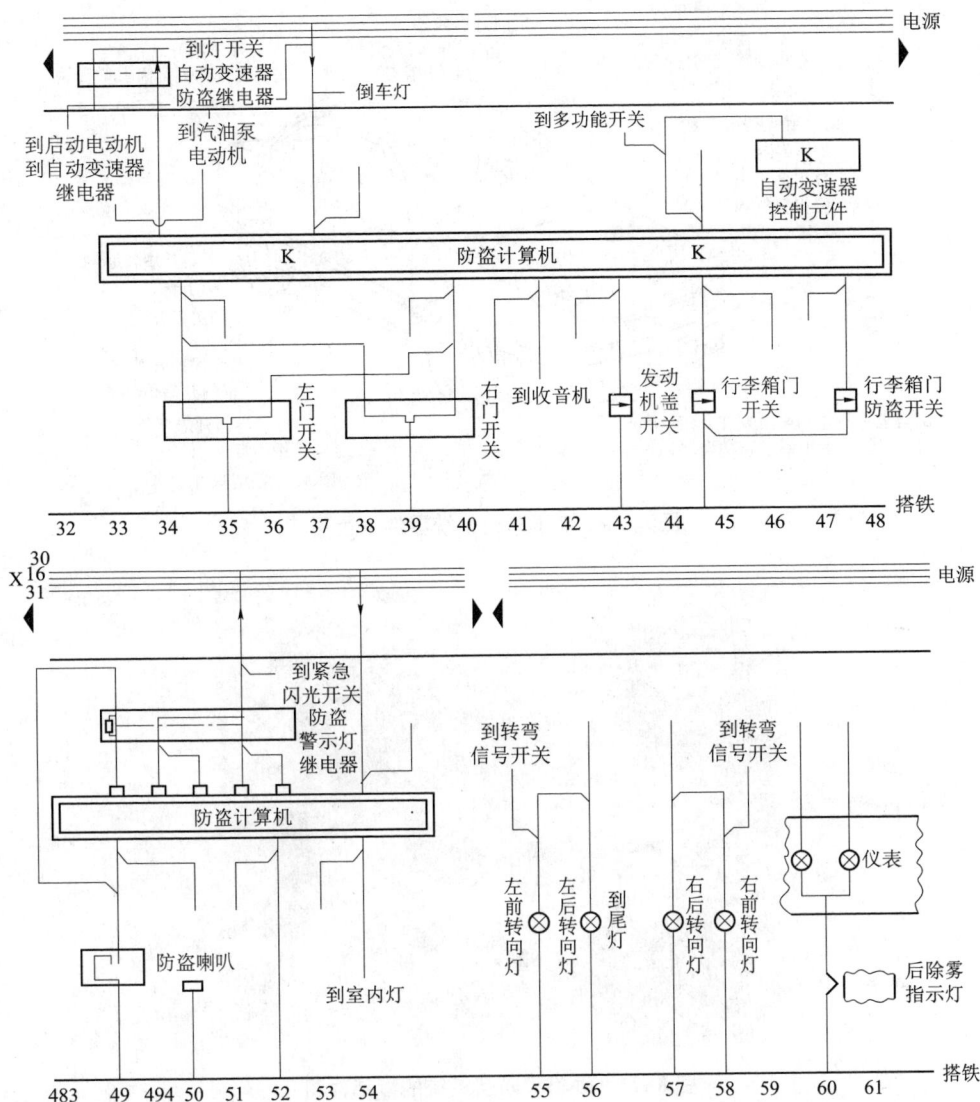

图 8-9　变速箱控制防盗系统电路

8.4　电子防盗系统的布置及部件介绍

1. 一般车型电子防盗系统实车位置

电子防盗系统零件位置见图 8-10。

2. 铁将军防盗系统的零部件介绍

铁将军防盗系统的零部件见图 8-11。

1）防盗主机

防盗主机（见图 8-12）是整个防盗系统的中枢，它负责接收和处理各个传感器及无线电天线传来的信息，同时控制执行器工作。现在大部分车的防盗主机都是直接集成在发动机

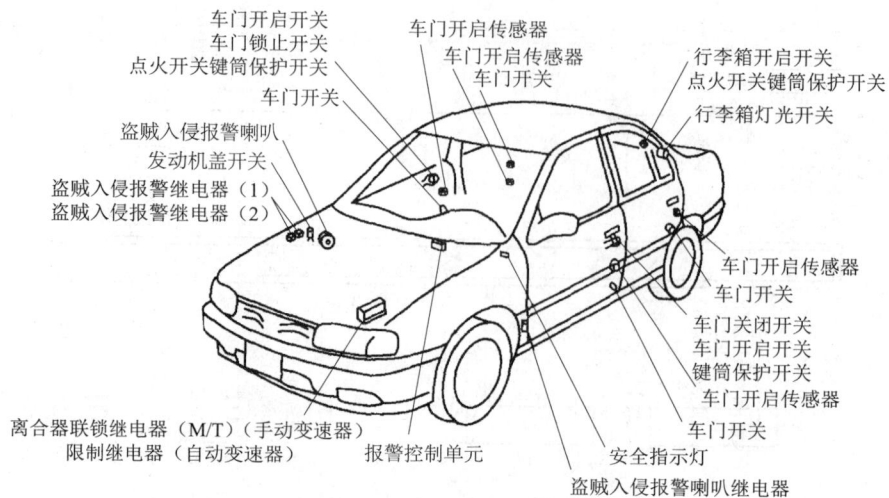

车门开启开关
车门锁止开关
点火开关键筒保护开关
车门开关
盗贼入侵报警喇叭
发动机盖开关
盗贼入侵报警继电器（1）
盗贼入侵报警继电器（2）

车门开启传感器
车门开启传感器
车门开关

行李箱开启开关
点火开关键筒保护开关
行李箱灯光开关

车门开启传感器
车门开关
车门关闭开关
车门开启开关
键筒保护开关
车门开启传感器
车门开关

离合器联锁继电器（M/T）（手动变速器）
限制继电器（自动变速器）
报警控制单元
安全指示灯
盗贼入侵报警喇叭继电器

图 8-10   电子防盗系统零件位置图

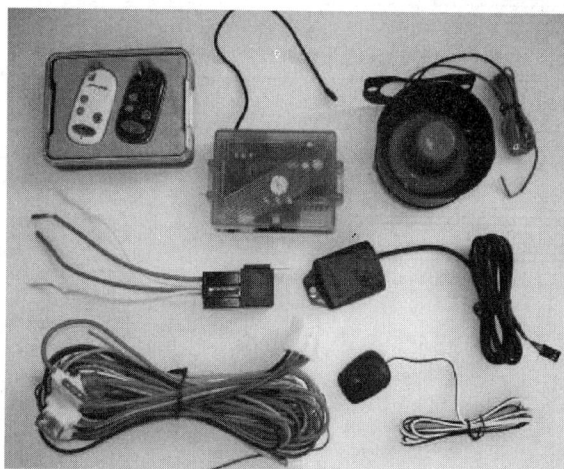

图 8-11   铁将军防盗系统的零部件图

计算机当中的，方便信息传递和集中控制。

图 8-12   防盗主机图

2）振动传感器

振动传感器（见图 8-13）主要的作用是接收车身的振动信息，并将其转化成电信号，传给防盗主机。

3）报警喇叭

报警喇叭（见图 8-14）是一种小电流的语音喇叭，通过防盗主机供给一个频率电流来驱动，它的驱动电流一般在 500～800 mA，所以一定不能直接接蓄电池，防止损坏。

图 8-13　振动传感器图

图 8-14　报警喇叭图

4）系统工作指示灯

系统工作指示灯（见图 8-15）是在系统进入防盗模式后被点亮的，它是由线束和一个发光二极管组成的。当车主下车锁门后，它将会以 3～5 s 的时间不停闪烁，告诉车主，汽车已经进入了防盗模式。

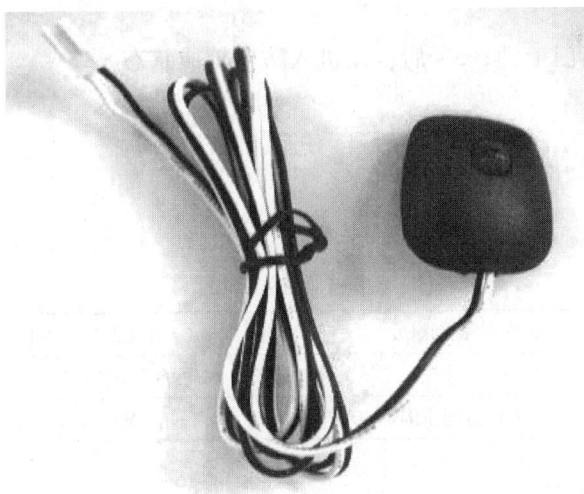

图 8-15　系统工作指示灯图

5）遥控器

防盗系统遥控器（见图 8-16）的作用是向防盗主机发射指令，从而达到通过人来操作防盗系统的目的。遥控系统有电磁式和红外线控制式两种，现在普遍采用的红外式遥控器，具有遥控距离更远、抗干扰能力更强等优点，主要的功能有锁门、开锁、开启报警喇叭、静音等。

6）中控门锁机构

中控门锁机构（见图8-17）由中控电机、齿轮齿条机构、电机触发开关等元件组成。它是直接由防盗主机控制的。主驾驶旁的门锁机构里有电机触发开关，乘客侧没有。中控门锁电机动作后会带动门锁机构运动从而实现落锁和解锁。电机里无过载保护，所以此电机一定不能一直通电，否则会烧坏。

图8-16 防盗系统遥控器图

图8-17 中控门锁机构图

8.5 电子防盗系统的操作过程

铁将军838型汽车防盗器操作过程如下。

1）声光防盗

短按一下锁键，车门上锁，3 s后自动进入防盗警戒状态。

2）静音防盗

短按一下消声键，车门上锁，3 s后自动进入防盗警戒状态。

3）触发报警

触发报警见表8-1。

表8-1 触发报警

	振动触发	开关触发（车门、Acc、ON、踩制动）
声光警戒	喇叭报警，方向灯同步闪烁30 s	
静音警戒	方向灯同步闪烁30 s	喇叭报警，方向灯同步闪烁30 s

4）警戒解除和自动回复

短按开锁键一下，解除警戒，车门开锁；解除防盗警戒后，25 s内车门未开，防盗系统视作误解除，会自动回复到原防盗警戒状态。

5）其他功能

（1）遥控开启行李箱（尾门）：短按开锁键2 s，自动开启行李箱（尾门）。

（2）紧急呼叫（应急报警）：在行驶过程中，遇悍匪抢劫，车主只要按铃声键2 s，方向灯亮后，再按铃声键1 s，方向灯立即闪烁，喇叭周期性报警，以起阻吓和呼叫的作用，

实训操作工单

班级：＿＿＿＿＿＿＿＿＿＿＿＿＿＿

姓名：＿＿＿＿＿＿＿＿＿＿＿＿＿＿

学号：＿＿＿＿＿＿＿＿＿＿＿＿＿＿

实训操作工单 1

任务名称	车身电器元器件的认识	计划用时	1课时	班　　级	
学生姓名				任务成绩	
任务要求	正确标出试验台上的各个元器件，并演示其功能，能简单介绍各元器件的工作原理				

1. 认识试验台上各元器件，为以下元器件标注名称

① _____　② _____　③ _____

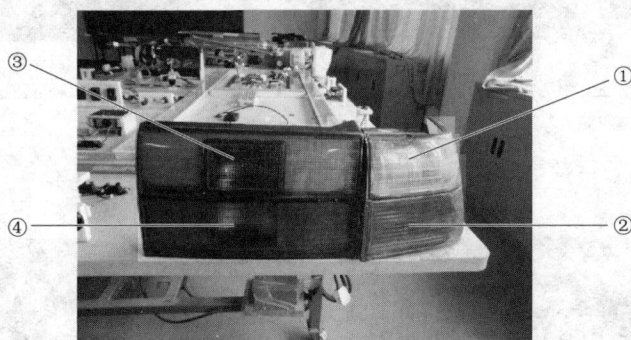

① _____　② _____　③ _____　④ _____

① _____　② _____　③ _____

① ＿＿＿＿＿＿＿　　② ＿＿＿＿＿＿＿　　③ ＿＿＿＿＿＿＿

 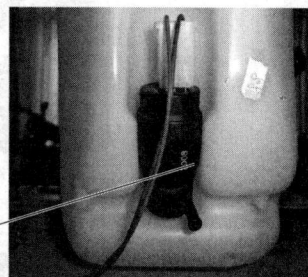

① ＿＿＿＿＿＿　　② ＿＿＿＿＿＿　　③ ＿＿＿＿＿＿　　④ ＿＿＿＿＿＿

① ＿＿＿＿＿＿＿　　　　　　　② ＿＿＿＿＿＿＿

2. 简述各灯具总成的组成

例：左前大灯总成是由左前前照灯、左前驻车灯、左前转向灯、左前视廓灯、左前雾灯组成。

右前大灯总成_____

左后尾灯总成_____

右后尾灯总成_____

画出下列大灯总成的原理图。

左前前照灯
左后尾灯

3. 描述各灯的工作现象（如：颜色、亮度、闪不闪光），在下表中打"√"，并说一说其作用

现象 灯具	红色	黄色	白色	亮	较亮	很亮	是否闪光	作用
驻车灯								
转向灯								
远光灯								
近光灯								
雾 灯								
视廓灯								
牌照灯								
倒车灯								
刹车灯								
危险报警灯								

实训操作工单 2

任务名称	倒车、刹车、喇叭的 线路连接	计划用时	2课时	班 级	
学生姓名				任务成绩	
任务要求	懂得此三部分的控制原理并能够独立完成此三部分的线路连接				

1. 判断点火开关在各挡位时其各接线柱间的导通情况，完成下表并解释以下端子的意义

	30	15	P	50	X
I					
II					
III					

15端子是当点火钥匙打到_____挡时，给_____供电。

50端子是当点火钥匙打到_____挡时，给_____供电。

X端子是当点火钥匙打到_____挡时，给_____供电。

2. 辨别以下继电器

①_____   ②_____   ③_____   ④_____

3. X继电器各接脚的判断，用万用表测出继电器对应的各接脚之间的情况（电阻值或是否导通），并完成下表

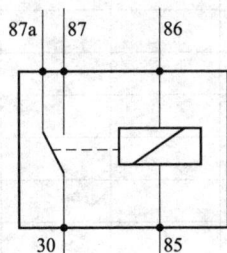
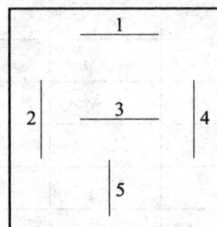

图1   图2

	1	2	3	4	5	红表笔
1						
2						
3						
4						
5						
黑表笔						

① 通过以上表格可得出_____与_____为导通，_____与_____为线圈接脚。
② 通过所给工具（电源、导线、万用表）判断出_____与_____为开关接脚。
③ 将图 1 与图 2 中的接脚相对应起来，写在下面。

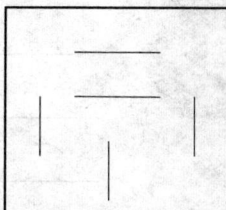

4. 连接喇叭系统的电路图

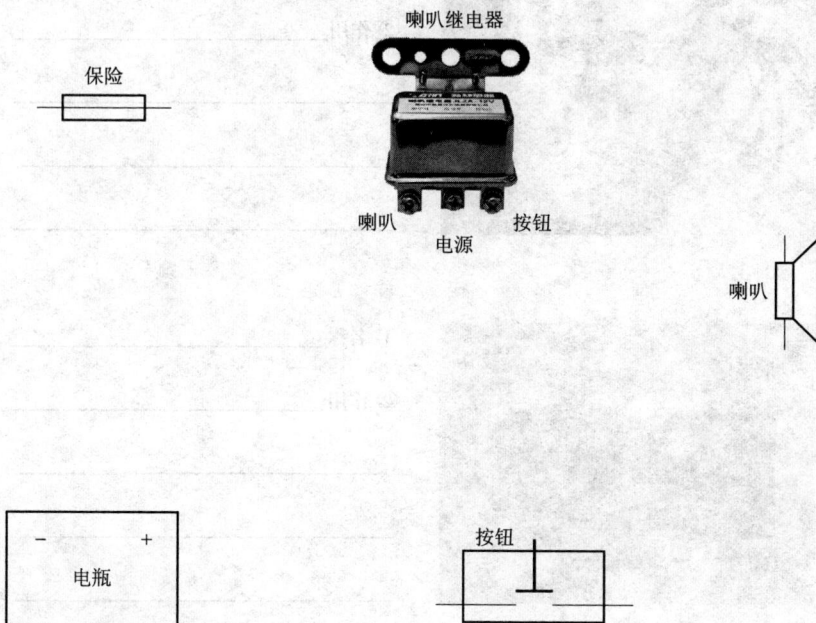

实训操作工单 3

任务名称	启动系统线路的连接	计划用时	2 课时	班　级	
学生姓名				任务成绩	
任务要求	① 认识并了解启动系统的组成及作用； ② 分析系统各个组件的作用； ③ 学会分析电路中电流的走向； ④ 熟练掌握启动系统线路的连接				

1. 启动系统主要元件的组成及作用

① 名称＿＿＿＿＿＿＿＿＿＿＿＿＿

② 作用＿＿＿＿＿＿＿＿＿＿＿＿＿

＿＿＿＿＿＿＿＿＿＿＿＿＿＿＿＿＿

＿＿＿＿＿＿＿＿＿＿＿＿＿＿＿＿＿

＿＿＿＿＿＿＿＿＿＿＿＿＿＿＿＿＿

① 名称＿＿＿＿＿＿＿＿＿＿＿＿＿

② 作用＿＿＿＿＿＿＿＿＿＿＿＿＿

＿＿＿＿＿＿＿＿＿＿＿＿＿＿＿＿＿

＿＿＿＿＿＿＿＿＿＿＿＿＿＿＿＿＿

＿＿＿＿＿＿＿＿＿＿＿＿＿＿＿＿＿

① 名称＿＿＿＿＿＿＿＿＿＿＿＿＿

② 作用＿＿＿＿＿＿＿＿＿＿＿＿＿

＿＿＿＿＿＿＿＿＿＿＿＿＿＿＿＿＿

＿＿＿＿＿＿＿＿＿＿＿＿＿＿＿＿＿

＿＿＿＿＿＿＿＿＿＿＿＿＿＿＿＿＿

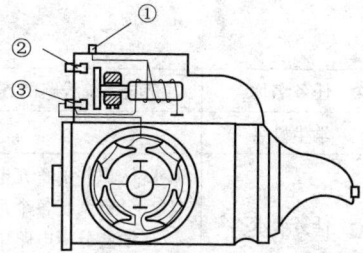

2. 启动机结构的认识

① 名称_____作用_____

② 名称_____作用_____

③ 名称_____作用_____

3. 启动机的线路连接

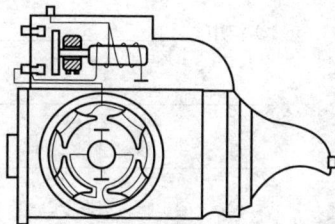

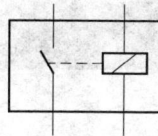

启动继电器

	30	15	P	50	X
I					
II					
III					

点火锁

蓄电池

实训操作工单 4

任务名称	充电系统线路的连接	计划用时	2 课时	班　级	
学生姓名				任务成绩	
任务要求	① 认识并了解充电系统的组成及作用； ② 分析系统各个组件的作用； ③ 学会分析电路中电流的走向； ④ 熟练掌握充电系统线路的连接				

1. 充电系统主要元件的组成及作用

① 名称_____

② 作用_____

_____

_____

_____

① 名称_____

② 作用_____

_____

_____

_____

2. 发电机结构的认识

① 它是发电机的＿＿＿＿＿＿＿＿＿＿＿

② 它的作用是＿＿＿＿＿＿＿＿＿＿＿

＿＿＿＿＿＿＿＿＿＿＿＿＿＿＿＿＿＿

① 它是发电机的＿＿＿＿＿＿＿＿＿＿＿

② 它的作用是＿＿＿＿＿＿＿＿＿＿＿

＿＿＿＿＿＿＿＿＿＿＿＿＿＿＿＿＿＿

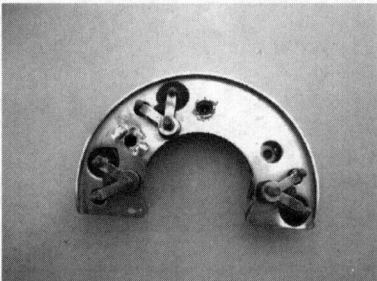

① 它是发电机的＿＿＿＿＿＿＿＿＿＿＿

② 它的作用是＿＿＿＿＿＿＿＿＿＿＿

＿＿＿＿＿＿＿＿＿＿＿＿＿＿＿＿＿＿

① 它是发电机的＿＿＿＿＿＿＿＿＿＿＿

② 它的作用是＿＿＿＿＿＿＿＿＿＿＿

＿＿＿＿＿＿＿＿＿＿＿＿＿＿＿＿＿＿

3. 完成下例充电系统的电路图

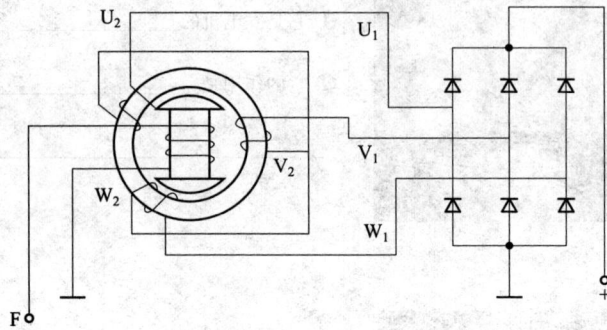

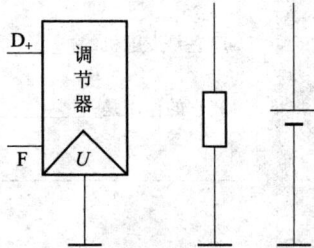

实训操作工单 5

任务名称	转向及危险报警灯线路的连接	计划用时	4课时	班　级	
学生姓名				任务成绩	
任务要求	① 在试验台上找出此部分的组成元件； ② 用万用表判断危险报警开关、转向灯开关的工作原理，并制出表格； ③ 了解此部分的控制原理，完成电路图的连接； ④ 在试验台上连接线路				

1. 根据下图实物分析转向开关的挡位

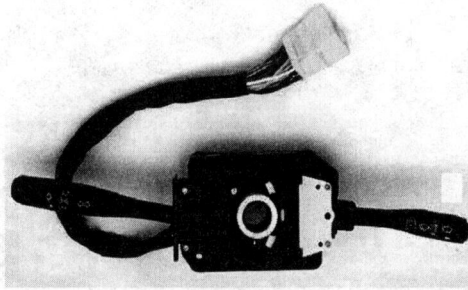

当开关向前拨时_____灯亮；当开关拨在中间时_____灯亮；当开关向后拨时_____灯亮。

2. 请完成闪光继电器的电路连接

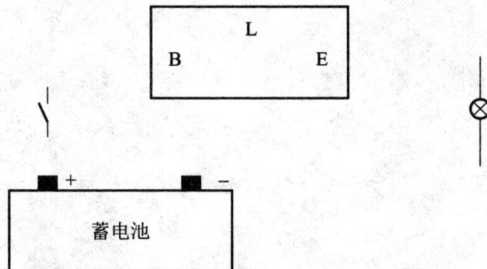

3. 判断危险报警开关（应急开关）在 ON 和 OFF 时其各接线柱间的导通情况，完成下表

	L	R	49A	58B	30	15	49
OFF							
ON							

　　通过检测发现当打开危险报警灯的时候，直接由 30 端子给系统供电，而 30 端子是直接接在蓄电池上的，它不经过点火钥匙也就是通常说的常电。这样做的目的是 ＿＿＿＿＿＿＿＿＿＿＿＿＿＿＿＿＿＿＿＿。

4. 完成转向系统电路的连接

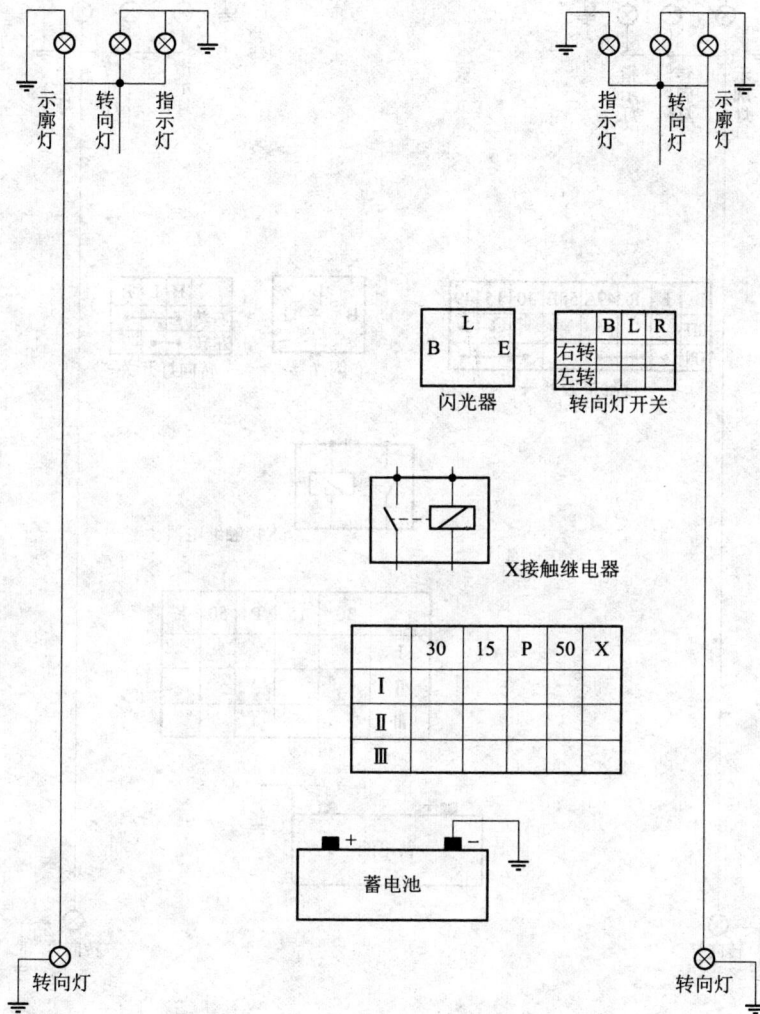

示廓灯　转向灯　指示灯

指示灯　转向灯　示廓灯

	L		
B			E

闪光器

	B	L	R
右转			
左转			

转向灯开关

X接触继电器

	30	15	P	50	X
I					
II					
III					

+　−

蓄电池

转向灯

转向灯

5. 完成下面危险报警转向系统综合电路图

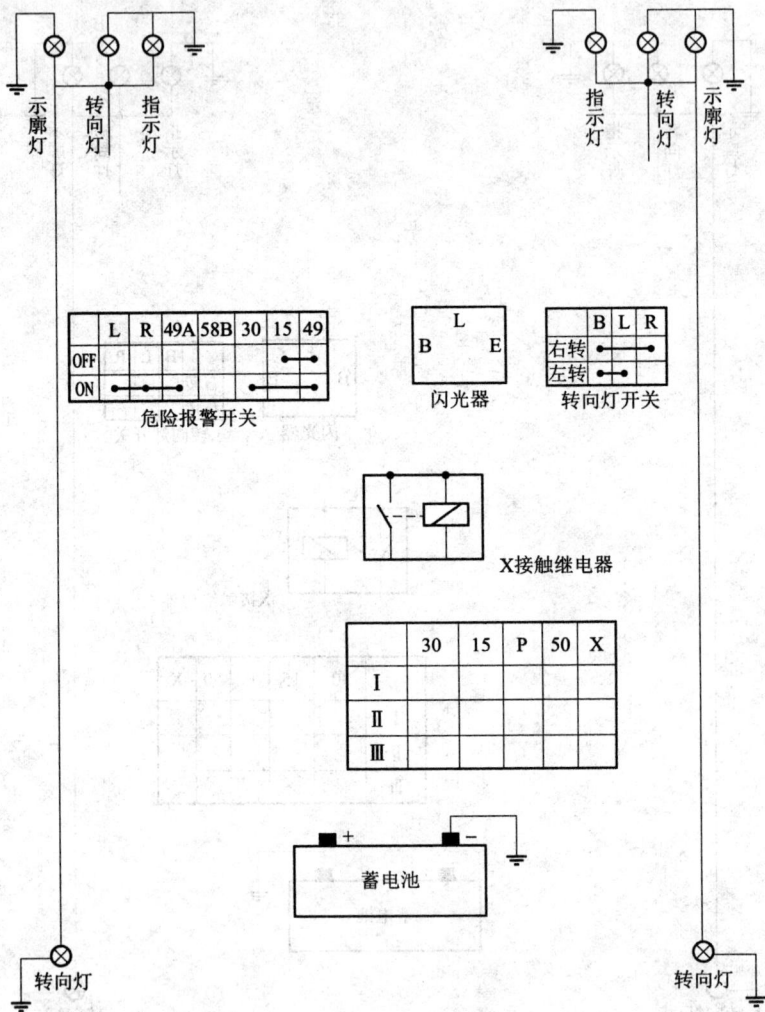

	L	R	49A	58B	30	15	49
OFF							
ON							

危险报警开关

	B	L	R
右转			
左转			

转向灯开关

闪光器

X接触继电器

	30	15	P	50	X
I					
II					
III					

蓄电池

转向灯

实训操作工单 6

任务名称	雨刮部分的连接	计划用时	4课时	班　级	
学生姓名				任务成绩	
任务要求	① 了解雨刮部分的组成元件； ② 判断雨刮开关的工作原理，并制出表格； ③ 了解控制原理，并完成电路图的线路连接； ④ 在试验台上连接线路				

1. 根据实物说说雨刷各个挡位的含义

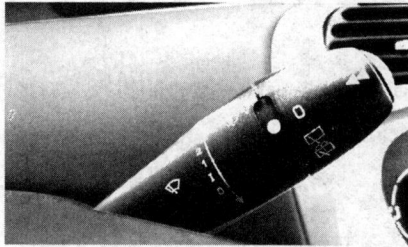

雨刮开关拨到最前端（2）的位置是雨刮_____挡；

雨刮开关拨到次前端（1）的位置是雨刮_____挡；

雨刮开关拨到中间端（I）的位置是雨刮_____挡；

雨刮开关拨到最下端（0）的位置是雨刮_____挡；

雨刮开关向后拨是雨刮_____挡。

2. 对应下列雨刮间歇继电器的原理图标出实物接脚

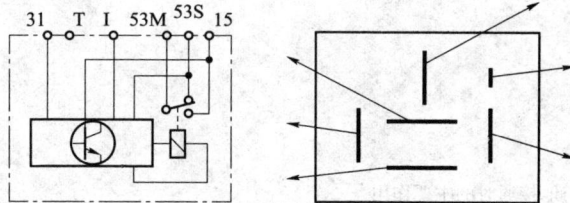

　　通过实验可知当 T 端子和 I 端子有电流通过的时候，都会使继电器的线圈通电，从而使 15 端子与_____端子接通。它们的主要区别在于 I 端子通电会对继电器线圈产生脉冲信号，使常闭开关不断地断开、闭合。

3. 用万用表判断出雨刮开关各挡位的接通情况并完成下表

间						
停						
慢						
快						
喷						
	T	J	53A	53	53B	53E

4. 对雨刮电机上 5 根接线柱的判断（31 为接地线，一般为深色），并在台架上打上标签

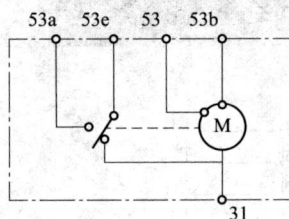

53b 是_____挡；

53 是_____挡；

53e 所接开关在雨刮_____时候与 31（地）闭合，在雨刮_____时候与 53a 闭合；

53a 是接_____。

说一说雨刮电机中 53e 与地接通时的主要作用_____

_____

_____。

续表

5. 请为以下部件连线

间						
停						
慢						
快						
喷						
	T	J	53A	53	53B	53E

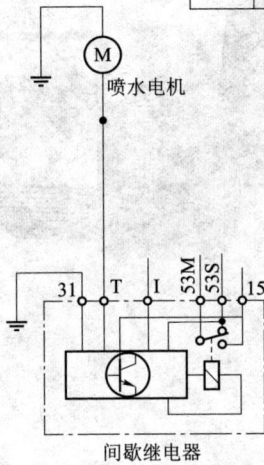

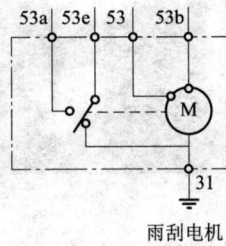

雨刮开关

（M）喷水电机

31 T I 53M 53S 15

间歇继电器

53a 53e 53 53b
（M）
31

雨刮电机

X接触继电器

蓄电池 − +

	30	15	P	50	X
I					
II					
III					

点火锁

6. 请描述雨刮在间歇挡时电流在雨刮系统中的走向
蓄电池+→

实训操作工单 7

任务名称	大灯及雾灯部分的连接	计划用时	4课时	班 级	
学生姓名				任务成绩	
任务要求	① 在试验台上找出此部分的组成元件，用万用表判断大灯开关、变光开关、雾灯开关的工作原理； ② 了解此部分的控制原理，完成电路图的连接； ③ 在试验台上连接线路				

1. 根据实物图分析大灯开关的各个挡位

当大灯开关打到 I 挡时仪表灯都亮了；

当大灯开关打到 II 挡时_____灯亮了；

当大灯开关打到 III 挡时_____灯亮了；

当把大灯开关轻轻地向前拨一下是_____挡位；当把大灯开关向前拨到顶是_____挡位。

2. 检测大灯开关、雾灯开关及变光开关的导通情况

	56	X	58L	58	58R		30	58B
I								
II								
III								

大灯开关

	15	83b	58b	83a	31
I					
II					
III					

雾灯开关

	30	56	56A	56B
近				
远				
超				

变光开关

3. 完成以下各灯的电路图

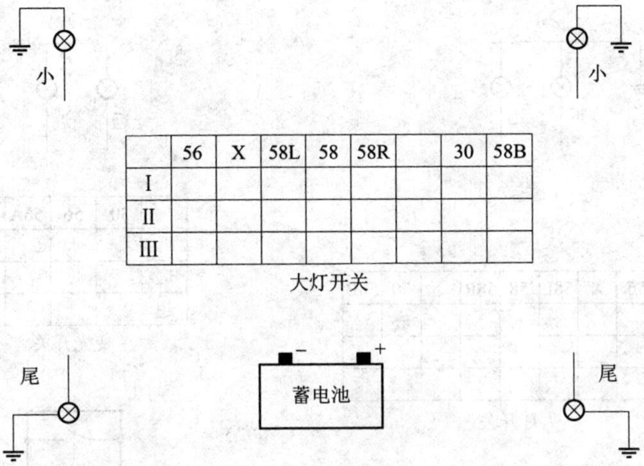

	56	X	58L	58	58R		30	58B
I								
II								
III								

大灯开关

蓄电池

4. 判断大灯总成的各接线柱（工具有电源、导线）

（1）地线的判断。

将组合前照灯的后盖拆下，会发现驻车灯与大灯不在一处，但是它们共用了一根线，它就是_____线，拔下两个插头，用万用表测公用导线与外面端子的导通情况，从而找到 31 端子（地）。

（2）然后接好插头，分别给地线与另外 3 个端子通电，观察大灯的亮度。

根据以上灯泡的亮度情况，可得出：

① _____

② _____

③ _____

续表

5. 完成以下远近光的电路图

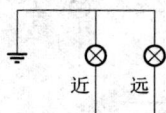

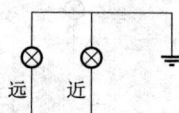

	30	56	56A	56B
近				
远				
超				

变光开关

	56	X	58L	58	58R		30	58B
I								
II								
III								

大灯开关

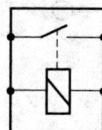

X接触继电器

蓄电池

	30	15	P	50	X
I					
II					
III					

点火锁

6. 完成以下雾灯的电路图

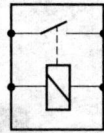

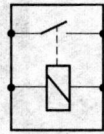

雾

雾

	56	X	58L	58	58R		30	58B
I								
II								
III								

大灯开关

雾灯继电器

	15	83b	58b	83a	31
I					
II					
III					

雾灯开关

X接触继电器

蓄电池

	30	15	P	50	X
I					
II					
III					

点火锁

尾 雾

尾

实训操作工单 8

任务名称	防盗部分的连接	计划用时	4 课时	班　级	
学生姓名				任务成绩	
任务要求	① 了解防盗系统的功能； ② 找出防盗部分的组成元件，了解此部分的控制原理，完成电路图的连接； ③ 在试验台上连接线路				

1. 为以下元件标注名称

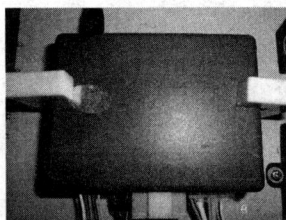  

①＿＿＿＿＿＿　　　　　②＿＿＿＿＿＿　　　　　③＿＿＿＿＿＿

2. 汽车防盗系统的部件组成及作用

(1)＿＿＿＿＿＿＿＿＿作用＿＿＿＿＿＿＿＿＿＿＿＿＿＿＿＿＿＿＿

(2)＿＿＿＿＿＿＿＿＿作用＿＿＿＿＿＿＿＿＿＿＿＿＿＿＿＿＿＿＿

(3)＿＿＿＿＿＿＿＿＿作用＿＿＿＿＿＿＿＿＿＿＿＿＿＿＿＿＿＿＿

(4)＿＿＿＿＿＿＿＿＿作用＿＿＿＿＿＿＿＿＿＿＿＿＿＿＿＿＿＿＿

(5)＿＿＿＿＿＿＿＿＿作用＿＿＿＿＿＿＿＿＿＿＿＿＿＿＿＿＿＿＿

3. 根据电路图描述控制原理

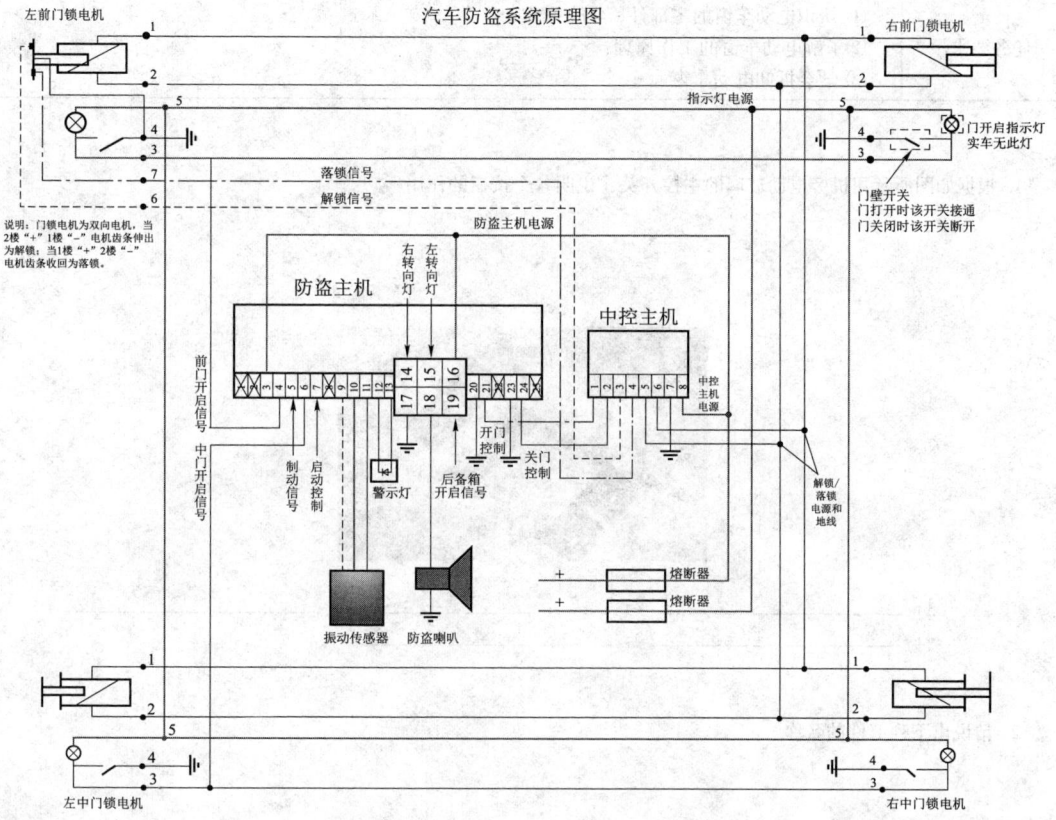

汽车防盗系统原理图

（1）由左前门中控电机控制全车门锁解锁过程。

按下左前门门锁电机杆使解锁信号线搭铁，解锁信号到达_____的_____端子再由_____端子到_____。

（2）由遥控器控制全车门锁解锁过程。

按下遥控器上车门解锁按钮，信号通过接收天线输入到_____再由其_____端子输出到_____的_____端子，再通过它来控制_____。

实训操作工单 9

任务名称	电动车窗的拆卸	计划用时	4课时	班　级	
学生姓名				任务成绩	
任务要求	① 认识电动车窗的零部件，学会操作； ②了解电动车窗的工作原理； ③ 学会拆卸电动车窗				

1. 根据如图所示司机旁电动玻璃的主控开关，说明各个按钮的作用

1:_____　　2:_____　　3:_____
4:_____　　5:_____

2. 请说出下列部件的名称

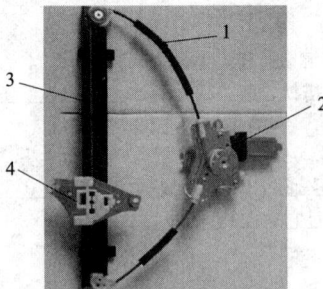

1:_____　　2:_____
3:_____　　4:_____

3. 电动车窗系统组成有＿＿＿＿＿＿＿＿＿＿、＿＿＿＿＿＿＿＿＿＿、＿＿＿＿＿＿＿＿＿＿、
＿＿＿＿＿＿＿＿＿＿、＿＿＿＿＿＿＿＿＿＿。

4. 如图是电动车窗的电路图

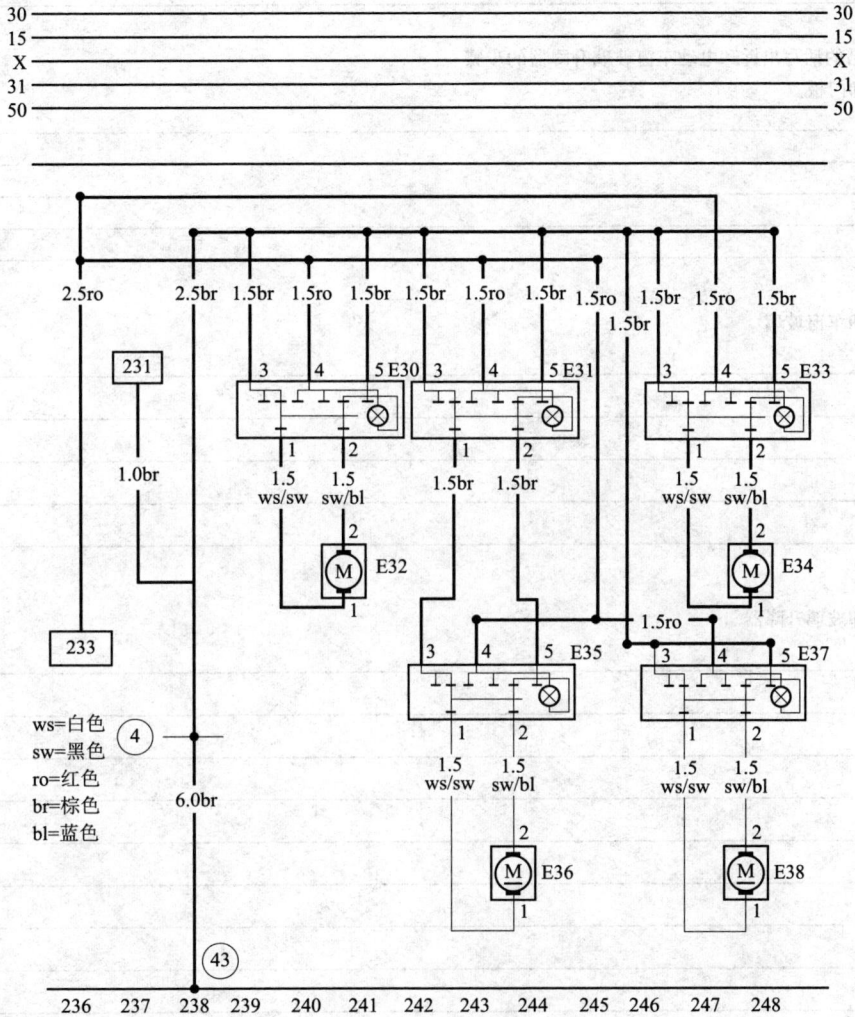

E30—左前电动门窗开关 1；E31—左前电动门窗开关 2；E32—左前电动门窗电机；E33—右前电动门窗开关；E34—右前电动门窗电机；E35—左后电动门窗开关；E36—左后电动门窗电机；E37—右后电动门窗开关；E38—右后电动门窗电机；㊸—接线点，继电器盒旁车身处；④—接线点，车身线束内

请分析一下左后车窗的两种控制路线。
（1）主控开关控制。
＿＿
＿＿
＿＿
＿＿

（2）分控开关控制。

_____

_____

_____

5. 用自己的话写出拆卸电动车窗玻璃升降器的步骤

（1）拆卸门板。

_____

_____

_____

_____

（2）拆卸车窗玻璃。

_____

_____

_____

_____

（3）拆卸玻璃升降器。

_____

_____

_____

_____

_____

_____

_____

实训操作工单 10

任务名称	倒车雷达系统认识	计划用时	2 课时	班　级	
学生姓名				任务成绩	
任务要求	① 认识倒车雷达系统的零部件，学会操作； ②了解倒车雷达系统的工作原理； ③ 学会倒车雷达系统的电路分析。				

1. 请说出下列部件的名称

1: _____

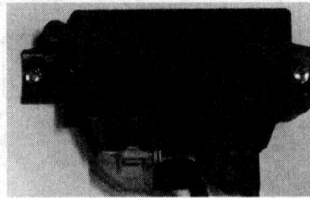

2: _____

3: _____

4: _____

2. 简述倒车雷达的工作原理

_____

_____

_____

_____

_____

3. 连接倒车雷达的电路图

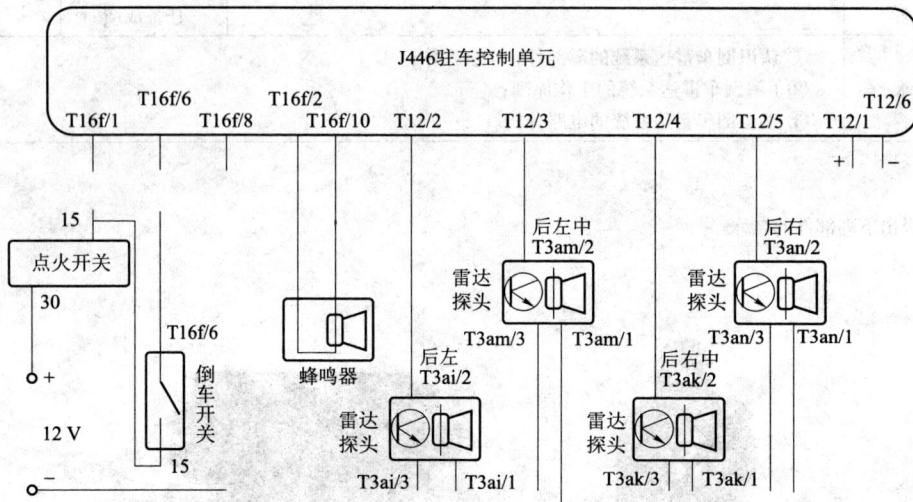

请分析一下倒车雷达系统的控制线路。

_____

_____

_____

_____

_____

_____

_____

_____

实训操作工单 11

任务名称	电动后视镜系统认识	计划用时	4课时	班　级	
学生姓名				任务成绩	
任务要求	① 认识电动后视镜系统的零部件，学会操作； ②了解电动后视镜系统的工作原理； ③ 学会电动后视镜系统电路的连接				

1. 根据如图所示司机旁电动后视镜系统的主控开关，说明各个按钮的作用

1: _____　　　　　　　2: _____

2. 请说出下列部件的名称

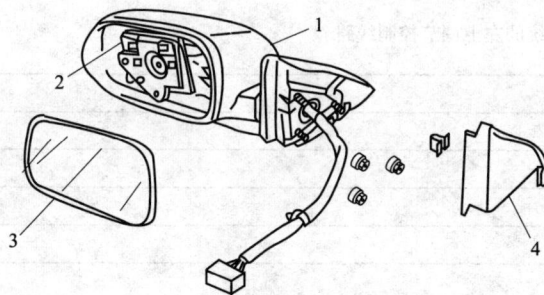

1: _____　　　　2: _____

3: _____　　　　4: _____

3. 完成电动后视镜系统左上调节的电路图

左后视镜　　　　　线路图　　　　　右后视镜

电机　　M　　M　　　　　　电机　　M　　M

1　2　3　　　　　　　　3　2　1

15　　　　　1　　2　　　　　7　　5

点火开关　　　　　　　左右选择开关

30　　　　　　　　　　　　　　　　3

+

12 V　　　　　　　上下左右调节开关

+

−　　　　　6　　　　　　　　4

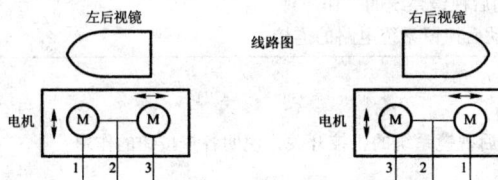

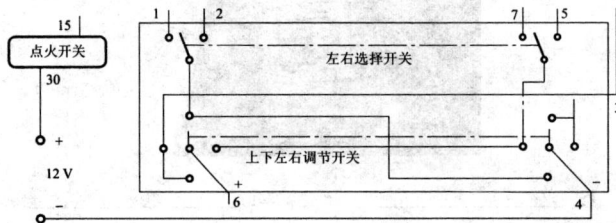

请分析一下电动后视镜系统的左上调节控制线路。

_____

_____

_____

_____

_____

_____

_____

_____

实训操作工单 12

任务名称	车载 DVD 音响系统认识	计划用时	4 课时	班　级	
学生姓名				任务成绩	
任务要求	① 认识车载 DVD 音响系统的零部件，学会操作； ②了解车载 DVD 音响系统的工作原理； ③ 学会车载 DVD 音响系统电路连接				

1. 根据如图所示车载 DVD 音响系统的主控开关，说明各个按钮的作用

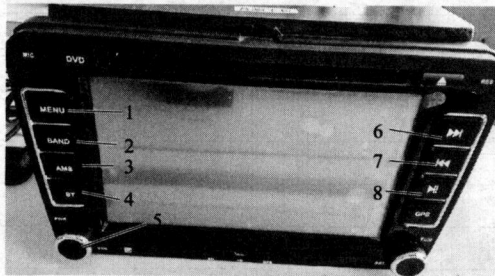

1: _____　　2: _____　　3: _____
4: _____　　5: _____　　6: _____
7: _____　　8: _____

2. 完成下列车载 DVD 音响系统的电路图

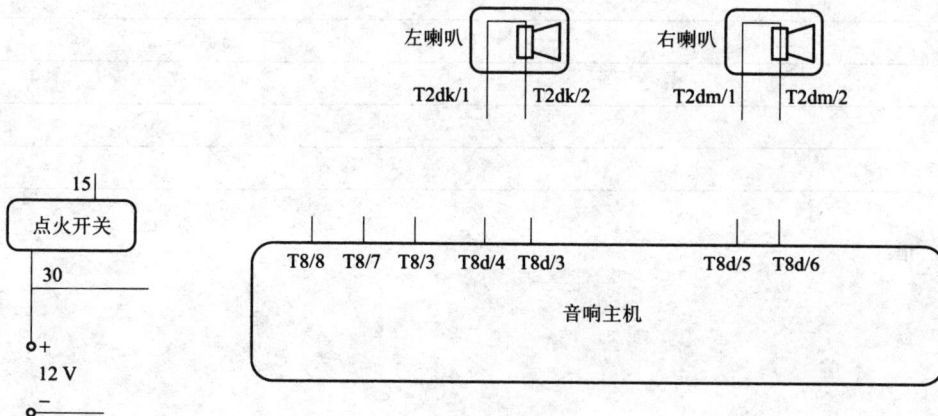

实 训 总 结

教师评语：

教师签字：_____

_____年_____月_____日

ISBN 978-7-5121-3330-3

定价：30.00元

按开锁键停止报警。

（3）求救：在行驶中，长按铃声键 2 s，喇叭鸣叫 30 s，方向灯同步闪光，按任何键停止。

（4）提示设定防盗（程序选择）：当车停泊，车主关门 10 s 后，防盗系统发出"嘀、嘀、嘀"三声提示声，方向灯同步闪烁，提醒车主开启防盗系统，如 1 min 内仍未设定，将自动进入静音警戒状态，但车门不上锁。

（5）提示关门：若开启防盗系统后，喇叭鸣三声，方向灯同步闪烁，提示车门未关妥，车主先解除防盗警戒，关妥车门再开启防盗系统，否则 10 s 后喇叭会报警。

（6）车门自动下锁：汽车行驶 15 s 后踩脚刹，自动锁门；当停车熄火时，车门自动开锁；在行驶中，按锁门键，中控锁上锁；按开锁键，中控锁开锁。

（7）寻车：短按铃声键一下，喇叭鸣叫 15 s，方向灯同步闪烁，告知车辆所在位置。

（8）触发记忆：当解除防盗警戒后，打开车门，喇叭鸣一声，警示灯长亮 3 s 后熄灭，表示车辆被触发过。

（9）断电记忆：防盗报警系统遭断电破坏后，不论时间长短，重新通电 5 s 后，防盗系统会回复到断电前的警戒状态。

（10）路边停车警示：当停车后打开车门时，方向灯立即闪烁，提醒后方来车注意，避免意外发生。

（11）LED 警示灯：

在警戒中：LED 闪 2 次，停 1 s。

受振动触发后：LED 灯闪 3 次，停 1 s。

受开关触发后：LED 亮 2 s，停 2 s。

受触发解除警戒后，LED 长亮 3 s。

8.6　铁将军防盗系统电路图分析

防盗系统电路见图 8-18。

1）门锁电机运动分析

电机顺时针旋转，1 端子接正极，2 端子接负极，则电机齿杆收回为落锁。

电机逆时针转旋，1 端子接负极，2 端子接正极，则电机齿杆伸出为解锁。

2）车门解锁落锁线路分析

解锁：遥控解锁信号—防盗主机接收—防盗主机 21 号端子—开门控制线—中控主机—中控主机 5 号端子—门锁电机 2 号端子—门锁电机 1 号端子—中控主机 6 号端子—中控主机内部搭铁。

落锁：遥控落锁信号—防盗主机接收—防盗主机 24 号端子—关门控制线—中控主机—中控主机 6 号端子—门锁电机 1 号端子—门锁电机 2 号端子—中控主机 5 号端子—中控主机内部搭铁。

3）左前门中控锁杆控制其他门锁线路分析

左前门中控锁电机齿杆缩回落锁：中控主机 4 号端子搭铁—中控主机 6 号端子—门锁电机 1 号端子—门锁电机 2 号端子—中控主机 5 号端子—中控主机内部搭铁。

左前门锁电机　1　2

右前门锁电机　1　2

指示灯电源

5　4　3

门开启指示灯
实车无此灯

7　落锁信号

6　解锁信号

门壁开关
门打开时该开关接通
门关闭时该开关断开

说明：门锁电机为双向电机，当
2楼"+"1楼"-"电机齿条伸出
为解锁；当1楼"+"2楼"-"
电机齿条收回为落锁。

防盗主机电源

右转向灯　左转向灯

防盗主机

中控主机

3 4 5 6 7 9 10 11 12 14 15 16 17 18 19 21 22 23 24

中控主机电源

前门开启信号

中门开启信号

制动信号

启动控制

警示灯

后备箱开启信号

开门控制

关门控制

解锁/落锁电源和地线

振动传感器　防盗喇叭

熔断器

熔断器

左中门锁电机　1　2　5　4　3

右中门锁电机　1　2　5　4　3

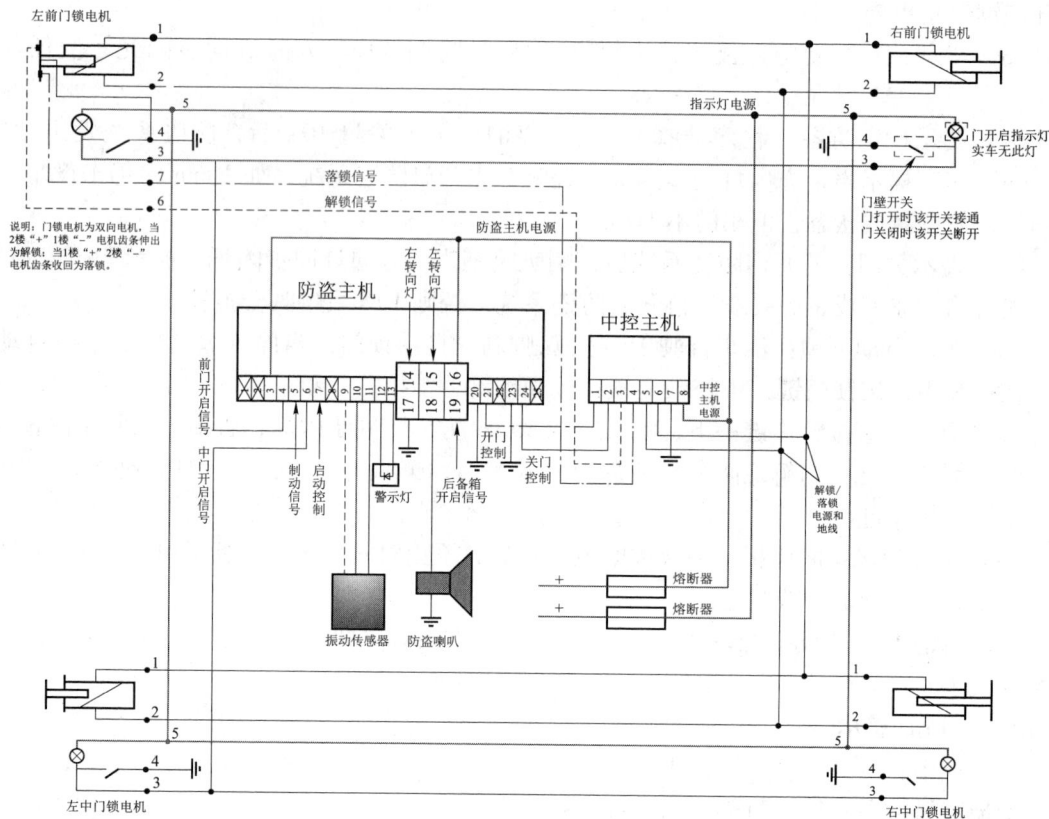

图 8-18　防盗系统电路图

左前门中控锁电机齿杆伸出解锁：中控主机 3 号端子搭铁—中控主机 5 号端子—门锁电机 1 号端子—门锁电机 2 号端子—中控主机 6 号端子—中控主机内部搭铁。

4）门开启信号控制分析

前门开启信号：防盗主机 4 号端子搭铁—防盗主机—闪光灯和喇叭。

中门开启信号：防盗主机 6 号端子搭铁—防盗主机—闪光灯和喇叭。

8.7　防盗系统故障诊断

（1）按一下遥控器按键，显示符号全显示一遍，并且有装电池时一样的声音。出现此问题最大的可能性为遥控器电池已没有电，当按遥控器时发射需要的电流较大，有些品牌的电池低压特性不好，引起电池电压降低很多，引起复位。此时更换电池即可。一般 7 号碱性电池可以使用一个月左右，当电池电压不足时，遥控报警距离会变近，更换电池后即可。建议使用 7 号 AAA 碱性电池，不要使用一般锌锰干电池。如果更换电池后仍有此现象，可能遥控器主板有问题，更换一个遥控器，重新学习对码一下即可。

（2）按遥控器时，主机没有任何反应，但主机可以报警，开门会闪灯。当出现此问题时，检查另外一个遥控器能否遥控。如果能遥控，说明主机是正常的，不能工作的遥控器重新学习对码，看能否成功。如果学习对码成功，说明遥控器正常，只是主机丢了一个密码。

如果不能够学习对码，可能遥控器有问题，建议更换一个新的遥控器，重新学习对码。如果另外一个遥控器也不能遥控操作，重新学习对码。如果重新学习对码后遥控器操作正常，说明主机密码丢失。如果重新学习对码不成功，则问题不在遥控器这方面，检查一下主机天线及其他连接线，如果没有问题，则应该是主机接收电路出问题，建议更换主机。解码电路采用双备份密码形式，丢失密码的机会很少，但并不能完全避免。如果有的主机经常丢码，建议更换主机，这可能是主机解码电路有问题。

（3）遥控器上没有显示或显示状态不会改变，按遥控器，主机有反应，上下锁正常，遥控器不会报警。汽车在行驶状态下，按遥控器上下锁时遥控器上显示的状态不会改变，此属正常现象，在此状态下没有必要改变显示。因为踩脚刹可以下锁，改变显示容易引起混乱，设计就是不改变显示的。但在其他状态下，遥控器上的显示应该随防盗状态不同而改变。如果按遥控器，主机有反应，但遥控器上显示不改变或无显示，检查另外一个遥控器是否正常。如果另外一个遥控器出现相同的现象，可能主机发射报警电路有问题；如果另外一个遥控器正常，说明遥控器报警接收电路有问题，更换一个新的遥控器重新学习对码，故障应该可以排除。如果只有一个遥控器，建议去安装商处先更换一个遥控器，学习对码之后看是否正常；如果还不行，可能是主机的问题。

（4）遥控器遥控和报警距离变近，有时有电池符号出现。这种情况应该为电池没电了，更换电池即可。如果更换电池后仍有此现象，可能遥控器有问题，更换一个遥控器，重新学习对码即可。

（5）遥控器报警距离近，或者遥控器报警距离有时近有时远。遥控器报警距离有时近有时远，有可能被周围环境的电磁波干扰，如果地处无线电台、电视台附近，或者BB机发射台、移动电话中继站、雷达站或其他发射台站附近，电磁干扰很大，距离较近属正常。也有一些工业设备如高周波塑压机等也可产生很大干扰，如果在这些设施附近，也会引起遥控距离近。排除这些干扰，检查一下接收天线接触是否良好，天线安装位置是否正确。如果天线安装在金属柱子或铁板上会对距离有很大影响，应该安装在玻璃内侧离边缘5～10 cm处。另外，天线安装位置应该避开贴太阳膜的部分，因为太阳膜中含有金属成分，也会对遥控距离产生影响。

一般情况下，在空旷地带，620C-FM型直线遥控距离有1 000 m左右，报警距离有1 500 m左右，800 m、900 m、1 100 m都属正常。因为周围环境不同，620B-AM-FM混合型遥控距离有100～200 m，50～100 m也属正常；报警距离有1 000 m，700～1 000 m都属正常。在居民区中，620C型300～500 m都属正常，主要看中间的障碍物有多少、有多高、有多大，一般隔两栋多层楼房仍可以正常遥控和报警，隔更多栋楼房时要看具体情况，可能会不稳定。但一栋楼房周围无论如何都应该很轻松可以遥控报警，不管是在正面或背面。如果在地下停车场，车在地下一层时，在地面100～200 m范围内可以遥控已算比较好的情况；如果在地下二层，可能连地面都没有走到已不能遥控，主要看楼房是钢筋混凝土结构还是钢架结构，但地下停车场有人值守，距离应无大问题。

（6）遥控器报警时，开锁和关锁符号同时出现。此属正常现象，出现这种现象有两种情况：一是此遥控器没有进入防盗状态，用另外一个遥控器进入防盗状态，当有报警时，此遥控器显示状态会有开锁和关锁两个符号同时显示；另外在行驶状态，如果用遥控器进入防盗状态，遥控器上也会有开锁和关锁两个符号同时显示，这些都属正常现象。

（7）更换电池后，遥控器无反应，显示不正常。检查电池极性有无装反，电池是否为电量正常的新电池，换过电池后需要查询一下汽车状况才会显示出来，或重新进入或取消防盗状态一下才会显示正常。

（8）安装后主机没有反应，喇叭不响。首先检查按遥控器时主机继电器有无嘀嗒声，如果有再检查喇叭是否正常（直接接到电瓶上试即可），如果喇叭正常，看喇叭驱动线上的保险丝是否正常，如果正常再用试电笔看有无输出，如果无输出拍打几下主机看是否有插座接触的问题，一般主机没有输出的可能性较小。如果主机继电器无嘀嗒声，说明主机根本没有加电，检查电源线上有无 12 V 电压，电源线上的保险丝是否正常，插座接触是否正常，重新插一下主机大插座看有没有反应，一般上电无反应的情况很少。

（9）安装后进入和取消防盗状态，中控锁不动作，锁没有反应，喇叭响声正常。如果只是锁没有反应，首先看中控锁连线上的两个保险丝是否正常，插座是否插好；然后再看接线方式是否正确，如果有原厂中控盒或加装中控盒的，一般为负触发，具体需要测量一下。如果为奥迪、奔驰、红旗等车型接法比较特别，需仔细参考安装图。加装的中控盒一般为负触发，首先试验中控盒是否能正常操作，再看接线是否正确，用测电笔测试防盗器能否输出负电。如果没有中控盒，只是加装中控马达，则应采用正负触发的方式，可以在锁两端直接测能否输出正负电；再看接地是否可靠，接线是否正确，然后再怀疑主机的问题。但是如果换过主机后还是不行，则肯定不是防盗器的问题，则应检查电线或连接等其他问题，如锁有无问题、电线有无问题等。

（10）对气动锁驱动车辆（奥迪、奔驰、红旗等）中央门锁不动作，或者能开不能关。如果接线检查无误，出现此问题的最大可能性为中央门锁驱动时间不够。因为这些车型的中央门锁为压缩气体驱动的气动型，驱动时间必须达到 3 s 以上，这样必须剪断主机上的选择线，然后再插上主机。注意剪断后主机需要断一下电，这样中央门锁驱动时间会延长为 3～4 s，一般电动门锁的驱动时间只有 0.5 s。另外注意这种驱动方式接线方式比较特别，需要仔细参看说明书，如果接线正确一般不会有问题。

（11）进入防盗状态后，开门不报警。如果开门不报警很大可能性为门线接错，如果接线正确，在没有进入防盗状态时，打开车门，车灯会闪烁一段时间。如果不闪，可以把门线直接接地，看车灯是否闪。如果闪，说明门线没有接对；如果不闪，检查接线插座是否连接良好。如果主机报警，遥控器不报警，则可能遥控器有问题，需要更换遥控器，重新学习对码。

（12）进入防盗状态后，振动不报警，或进入防盗状态 10 s 后就开始振动报警。进入防盗状态后 10 s 后才开始检测振动感应器，这样是为了避免关门时的振动没有停止，如果 10 s 后振动还不报警，首先检查振动感应器灯能否亮，连线是否正确，插座是否可靠连接，灵敏度调节是否合适（灵敏度调到最低时根本不能触发）。振动感应器采用双段调节，轻振动报警时间短，重振动报警时间长。如果还不行可更换振动感应器试一下，但如果更换振动感应器后仍不能报警可能是主机问题。

如果进入防盗状态 10 s 后就开始振动报警，此种情况一般是由于振动感应器太灵敏，可以先拔掉振动感应器看是否还有此现象。如果还有应是主机的问题，如果没有则是振动感应器问题，降低灵敏度应该可以消除此现象。

注意：一般不要把振动感应器灵敏度调得太高，这样经常会出现莫名其妙的振动报警，或者夜间喇叭会偶尔响几声，也会出现有车经过时喇叭都会响几声。灵敏度调到用力拍打玻璃时会报警就可以了。

（13）进入防盗状态后，用钥匙打火不报警，或者报警时可以用钥匙启动汽车。如果进入防盗状态后用钥匙打火不报警，最大可能为接错线。在取消防盗状态后，把钥匙扭到 ON 位置，此时按遥控器开锁关锁，主机应该只上下锁，喇叭不响。如果喇叭还响，ON 线应该是接错了，或者检查连线和插座是否接触良好、线的次序有无弄错等。

如果在防盗状态用钥匙打火时，还可以发动汽车，但报警是正常的，如果停止打火，汽车不会自动熄火，需要检查断电器是否正常，主机有无输出断电信号，断电器接线是否正确，插座有无插好等。如果汽车还会自动熄火，此种情况一般为汽车电瓶电量不足，打火时电池电压被拉得很低，导致断电器不能正常断开，但此情况在打火停止时，电压会回升，断电器会重新起作用，所以还会熄火防盗，此情况属正常。

（14）进入防盗状态后，防盗器 LED 指示灯不闪。一般情况下此问题为连线问题，检查插座连接是否可靠，如果不行换一条 LED 灯线，主机出问题的可能性很小。

（15）按遥控器进入遥控启动状态后，主机响四声，不启动。此种情况为启动模块未加电，或者启动模块和主机连接信号线未连接好，或者手刹未拉起，或者手刹接线不正确，检查启动模块的电源保险丝是否正常，手刹接线是否正确，以及主机模块连线是否正常。

（16）打着火后又熄火重打火，如此反复 6 次。此现象为启动检测信号线信号太弱，或者信号线接线不正确，才导致已经启动，但检测不到已经启动的信号而熄火又反复启动，一般需在高压线上绕 5～10 圈。对于有一些电喷车，高压线不在外面，可能无法检测到信号，只能接到机油灯上或者直接接到电源上。如果接到电源上无法打火，可能导致主机以为已经打火成功而实际并未启动成功的情况出现。

注意：现在许多中高档车都带有电子防盗系统，此种汽车没有检测到原厂钥匙是不打火的，所以这类带有电子钥匙的汽车不能安装遥控启动模块。

（17）打火 6 次后还打不着火。很大可能性为低档汽车比较难启动，或者冷天比较难启动，对这种情况，下车后需要把风门拉起来，以利启动。

（18）打着火后，暖车一会儿就熄火。这种情况一般也是汽车的问题，启动后怠速可能较低，不能维持长时间的运行，可能会偶尔熄火，把风门拉起有利于避免此情况。

（19）在平时偶尔或经常有振动报警（遥控器上显示有锤子符号）。此种情况一般是由于振动感应器太灵敏，可以先拔掉振动感应器看是否还有此现象，如果还有应是主机的问题，如果没有则是振动感应器问题，降低灵敏度应该可以消除此现象。

（20）正常使用时主机有时有反应，有时没有反应。出现此问题最大的可能性为接触问题，仔细检查连线接触是否良好，保险丝是否接触良好，各种连线连接是否良好，接地是否良好。如果都没有问题，则可能主机内部有接触问题，更换主机。

（21）进入防盗下锁后，主机响三声，半分钟后开始报警。出现此现象有两种可能：一是门未关好未关紧，或者门接线有问题，或者门线被磨破短路；二是有些车有关门延时功能，某些防盗产品可以识别 30 s 的关门延时功能，但如果延时超过此时间会引起报警。如果出现此问题可以和相关售后服务部联系，更改设计。使用中也可以关门一会儿后再进入防盗状态，也可以避免此问题。

（22）行驶过程中车灯闪，喇叭响，一会儿会熄火。此现象为进入了防盗状态。可能在行驶过程中有意或无意按了两次遥控器的查询键，或者由于撞击等其他原因碰到相应键，才会进入防盗状态。按取消防盗键即可消除此状态。如果由于受到强烈干扰使主机工作混乱进入此状态，先减速把车停到一边，再熄火，使用遥控器把此状态取消。强烈干扰使主机工作混乱的可能性很小。

8.8　线路连接考核

（1）学习指导书上的相关内容。

（2）熟悉连接线路操作的相关元器件，完成工单对应内容。

（3）分小组进行练习。

（4）教师抽查考核。

项目9　电动车窗系统检修

实训目标:

(1) 认识电动车窗系统，了解其操作方法。

(2) 学会拆卸电动车窗系统的基本工艺。

(3) 学会电动车窗系统电路图的分析。

(4) 能够进行简单的电动车窗排故。

9.1　电动车窗的认识

电动车窗，是指以电为动力使车窗玻璃自动升降的车窗。它由驾驶员或乘员操纵开关接通车窗升降电动机的电路，电动机产生动力，通过一系列的机械传动，使车窗玻璃按要求进行升降。其优点是操作简便，有利于行车安全（见图9-1）。

图 9-1　电动车窗系统图

9.2　电动车窗系统组成

电动车窗系统由车窗、车窗升降器、双向电动机、继电器、开关组成。电动车窗特点主要如下。

(1) 每个车窗都装有一个电动机，通过开关控制其电流方向，使车窗玻璃实现上升或下降。

(2) 一般有两套控制开关:

① 主开关：在仪表板或侧车门扶手上（驾驶员控制）。

② 分开关：在每个乘客门上。

主开关上装有断路装置，其断开时，分开关不起作用。

（3）装有一个或多个热敏开关，防止电路过载。

（4）有的专门装有一个延迟开关，使点火开关断开后仍能提供电源以供关闭车窗（10 min 内）。

电动车窗操作见图 9-2。

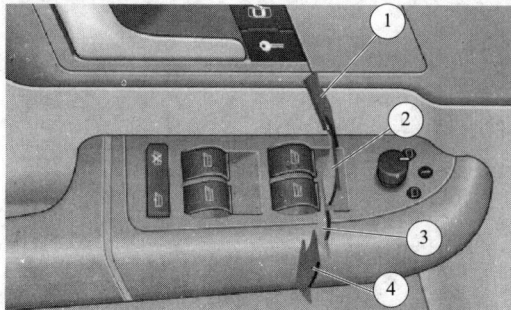

图 9-2　电动车窗操作图

1—自动上升；2—手动上升；3—手动下降；4—自动下降

9.3　电动玻璃升降器分类

按传动结构分，电动玻璃升降器可分为臂式和柔式两大类（见图 9-3）。

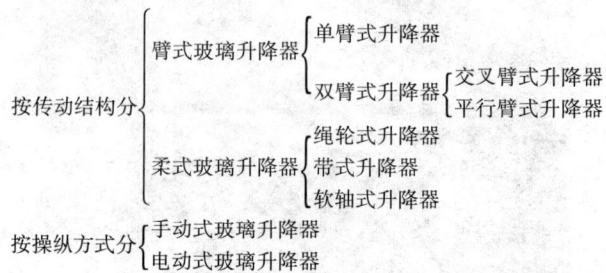

$$
\begin{cases}
\text{按传动结构分} \begin{cases} \text{臂式玻璃升降器} \begin{cases} \text{单臂式升降器} \\ \text{双臂式升降器} \begin{cases} \text{交叉臂式升降器} \\ \text{平行臂式升降器} \end{cases} \end{cases} \\ \text{柔式玻璃升降器} \begin{cases} \text{绳轮式升降器} \\ \text{带式升降器} \\ \text{软轴式升降器} \end{cases} \end{cases} \\
\text{按操纵方式分} \begin{cases} \text{手动式玻璃升降器} \\ \text{电动式玻璃升降器} \end{cases}
\end{cases}
$$

图 9-3　电动玻璃升降器分类

9.4　臂式玻璃升降器结构

臂式玻璃升降器的传动机构为齿轮齿板啮合传动，除齿轮外其主要构件均为板式结构，加工方便，成本低，在目前国内车辆上使用较为普遍。但由于其采用悬臂式支承结构及齿轮齿板机构，故工作阻力较大。臂式玻璃升降器又分为单臂式和双臂式两种。

1. 单臂式玻璃升降器

单臂式玻璃升降器的结构特点是只有一个升降臂，结构最简单，但由于升降臂支承点与玻璃质心之间的相对位置经常变化，玻璃升降时会产生倾斜、卡滞。该结构只适用于玻璃两侧为平行直边的情况，使用不很普遍。我国的 BJ1040、NJ130、CA1090 等车型，日本丰田及五十铃系列轻型货车前车门等采用单臂式玻璃升降器（见图 9-4、图 9-5）。

2. 双臂式玻璃升降器

该玻璃升降器的结构特点是具有两个升降臂，与单臂式玻璃升降器相比，双臂式玻璃升

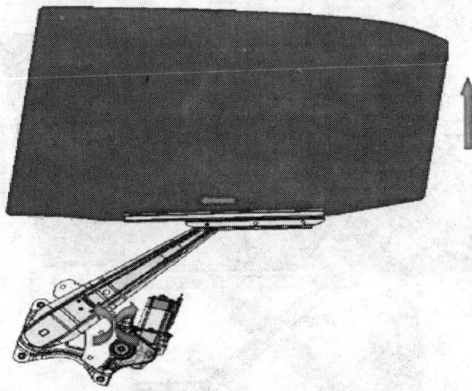

图 9-4 单臂式玻璃升降器的运动原理

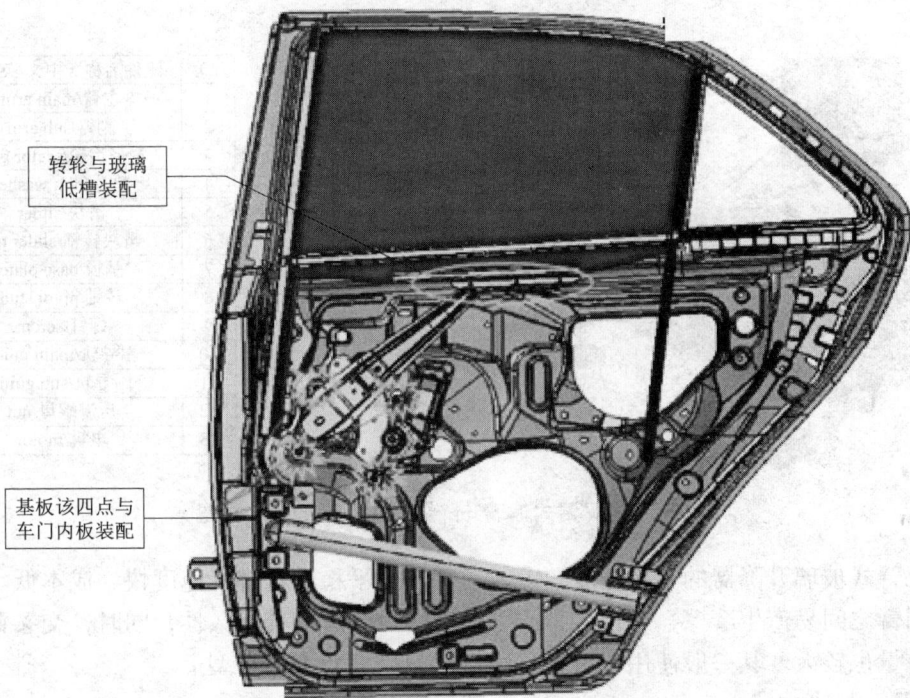

转轮与玻璃
低槽装配

基板该四点与
车门内板装配

图 9-5 单臂式玻璃升降器的安装方式

降器本身可保证玻璃平行升降，提升力也比较大。该结构适用于负载较大的车门玻璃，以及弧度较小的车门玻璃。依两臂的布置方式又分为交叉臂式和平行臂式。

1）交叉臂式玻璃升降器

交叉臂式玻璃升降器，顾名思义，其两个臂是交叉的，呈 X 形。其一般由电机、主臂、副臂、主导轨、副导轨，以及基板和扇形齿轮等组成。交叉臂式玻璃升降器通过基板固定在车门内板上，副导轨也固定在车门内板上，而玻璃则固定在主导轨上（见图 9-6、图 9-7）。其工作原理是：电机通过减速结构带动扇形齿轮旋转，扇形齿轮再带动主臂旋转，而副臂则绕着主臂和副臂上的连接轴旋转，其下端沿着固定的副导轨直线运动，上端则和主臂反向沿着主导轨直线运动，从而使主导轨上下移动。

图 9-6 交叉臂式玻璃升降器结构

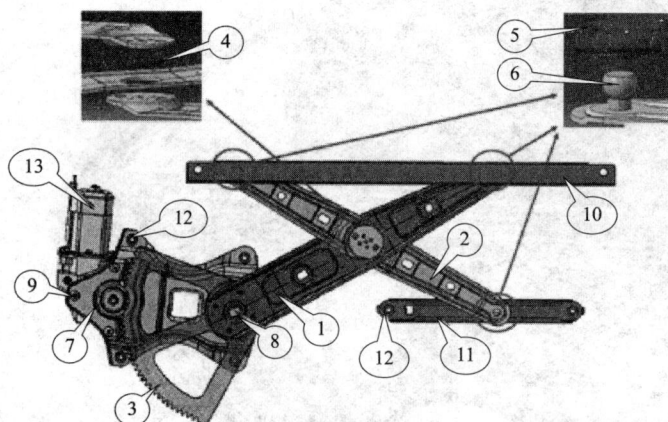

序号	零件名称（中文/英文）
1	主臂/main arm
2	副臂/sub arm
3	扇形齿轮/sector gear
4	垫片/ring washer
5	滑块/slider
6	滑块转轴/slider pin
7	基板/base plate
8	转轴/pivot stud
9	螺钉/screm
10	主导轨/main guide
11	副导轨/sub guide
12	压铆螺母/nut
13	电机/motor

图 9-7 交叉臂式玻璃升降器在车门上的安装位置

　　交叉臂式玻璃升降器的支承宽度较大，运动比较平稳，且升降速度快、成本低。缺点是主臂和副臂之间易产生摩擦，不仅容易产生噪声，也会影响其耐久性；同时，交叉臂式玻璃升降器重量也较大。其一般使用在玻璃弧度较小而尺寸较大的车型上。

　　2）平行臂式玻璃升降器

　　平行臂式玻璃升降器的两个臂是平行的，其一般由主动臂、从动臂、座板、滑动支架和电机等组成（见图 9-8）。

　　平行臂式玻璃升降器结构相对比较简单、紧凑，但由于支撑宽度比较小，工作载荷较大，故而运动平稳性不如交叉臂式玻璃升降器，现在车型也很少使用此种结构的玻璃升降器。

3. 柔式玻璃升降器

　　柔式玻璃升降器的传动机构为齿轮软轴啮合传动，具有"柔式"的特点，故其设置、安装都比较灵活方便，结构设计也比较简捷，且自身结构紧凑，所占空间小，易于安装布置，且总体重量轻。此外。由于提升轴提升力作用线的相对位置是固定的，可保证与玻璃质

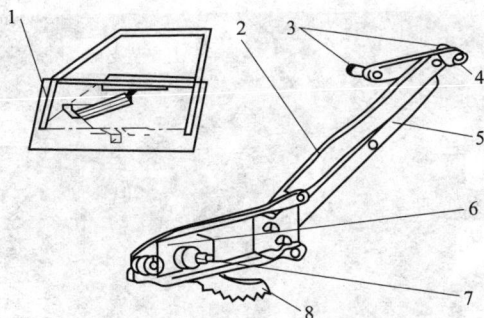

图9-8 平行臂式玻璃升降器结构

1—玻璃导向槽；2—主动臂；3—滚柱；4—滑动支架；5—从动臂；6—座板；7—小齿轮轴；8—扇形齿板

心的运动轨迹始终重合（或平行），故能很好地保证玻璃平稳移动。不足之处在于其成本较高，且钢丝绳易磨损。柔式玻璃升降器根据传动结构的材质分为绳轮式玻璃升降器、带式玻璃升降器、软轴式玻璃升降器，其中最为常见的是绳轮式玻璃升降器。

1）绳轮式玻璃升降器

绳轮式玻璃升降器是指由直流电机驱动，通过卷丝筒、绳索等转动，使车窗玻璃沿滑动导轨上升或下降到需要位置的一种装置。根据导轨的数量不同，又分为单轨式和双轨式两种。其中，单轨式绳轮升降器只有一根滑动导轨，体积紧凑、安装方便、成本低，缺点是精度相对较低，一般用于车窗玻璃长度不大的车型。而双轨式绳轮升降器有两根相互平行的导轨，导向性更好，但成本相对较高，体积也较大，布置和安装没有单轨式方便，一般用在车窗玻璃较宽的车型上（见图9-9）。

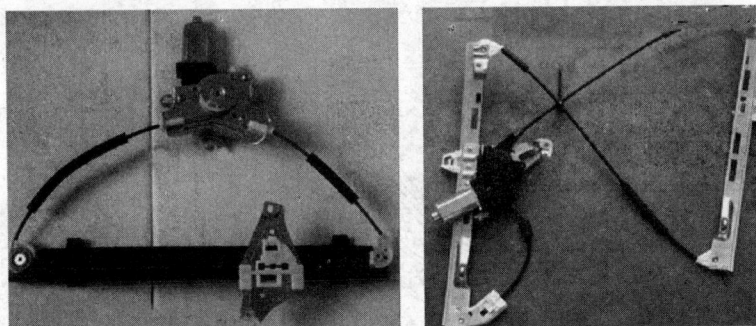

（a）单轨式　　　　　　　　（b）双轨式

图9-9 绳轮式玻璃升降器

绳轮式玻璃升降器的结构一般如图9-10所示。

升降器的导轨通过上下部分的安装支架分别固定在车门内钣金上，卷丝机构连同电机也固定在车门内钣金上，车窗玻璃通过自攻螺钉固定在滑块上。电机接受控制系统传递的信号做正转或反转，使卷丝机构中丝筒旋转，收缩或放长拉丝，使滑块沿导轨总成上下运动，从而带动车窗玻璃沿前后玻璃导向槽做上下运动。在车窗玻璃和前后导向槽之间为呢槽，其作用是使托架导轨和玻璃运行轨迹匹配完好。总体而言，绳轮式玻璃升降器运行平稳，噪声小。只是由于其采用的是钢丝绳配以塑料件及部分冲压件的结构，其总体疲劳寿命周期较

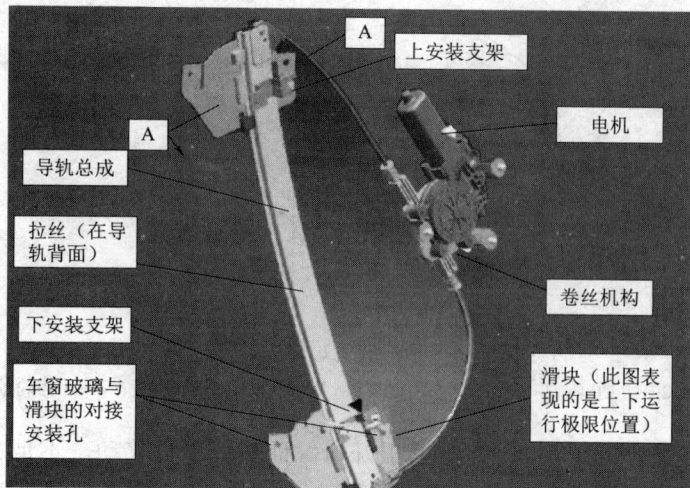

图 9-10　绳轮式玻璃升降器结构图

短。但其总体舒适的升降性能在轿车市场上占有绝对的主导地位。

2）带式玻璃升降器

该升降器通过小齿轮与塑料穿孔带啮合实现玻璃升降器的运动（见图 9-11）。该升降器运动软轴采用塑料穿孔带，其他零件亦多采用塑料制品，从而大大减轻了升降器总成的自身质量。其传动机构中均涂以润滑脂，使用过程中无须维护保养，运动平稳。摇把手柄的位置可自由布置，设计、安装和调整都很方便，其耐久性试验可达 25 000 次。

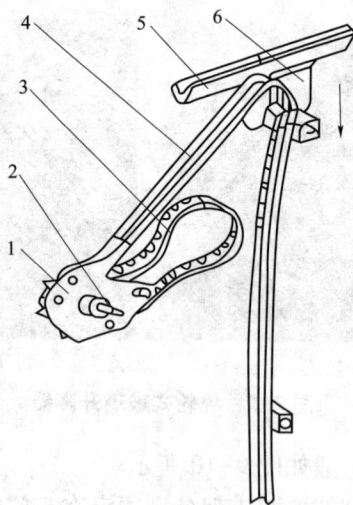

图 9-11　带式玻璃升降器的结构

1—座板；2—小齿轮轴；3—塑料穿孔带；4—塑料穿孔带导槽；5—玻璃托架；6—滑动支架

3）软轴式玻璃升降器

该玻璃升降器软轴主体是由钢丝绕成的弹簧，弹簧内圈穿有多股钢丝绳，在钢丝绳上缠绕高出表面 2 mm 的羊毛，并涂以润滑脂，以降低齿轮与弹簧啮合时的摩擦力（见图 9-12、

图 9-13）。在弹簧外圈上套有导向管，以保证弹簧式软轴的运动轨迹和运动顺畅。该升降器的特点是工作可靠性好，运动平稳，工作噪声小，使用寿命长，但制作技术比其他柔式升降器要求高，需要专门的工艺设备。

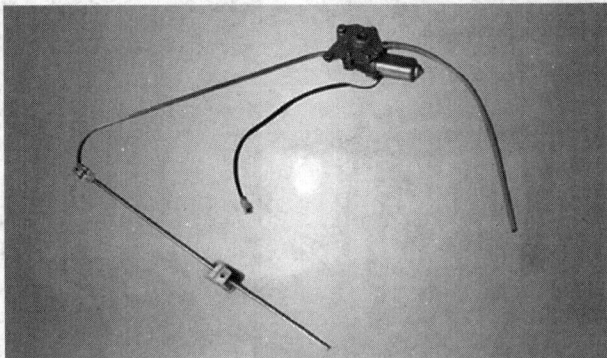

图 9-12 软轴式玻璃升降器

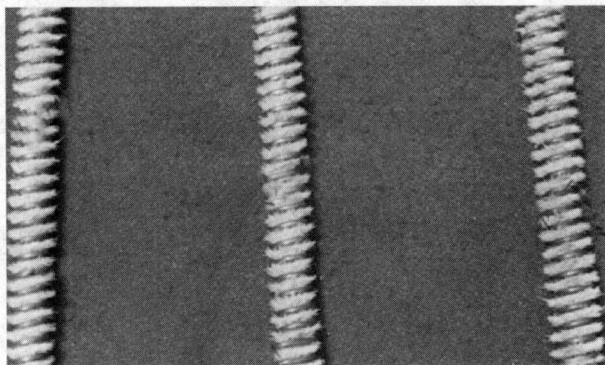

图 9-13 软轴式玻璃升降器的软轴

软轴式玻璃升降器从总体结构上而言类似于绳轮式玻璃升降器，只是使用一根金属软轴替代钢丝绳来拖动玻璃托板。它要求使用特殊的电机带动一根金属软轴以实现升降玻璃的功能。由于目前国内在软轴电机和软轴制造上的落后，以及绳轮式升降器的盛行，因此软轴式玻璃升降器在国内汽车市场上所占的比例也非常小。

9.5 电动车窗拆装工艺

1. 拆卸准备工作

下面以奇瑞 A3 的电动车窗为例，讲解一下其拆卸过程。

拆卸一定要在了解其工作原理和拆装工艺的基础上进行。首先整理现场零件和拆装工具，准备好抹布及清洁工具。

拆卸工具：密封条拆卸工具、梅花和一字起、套筒拆卸扳手一套、防护四件套。更换零件：门板密封膜、内饰防水膜专用胶（见图 9-14）。

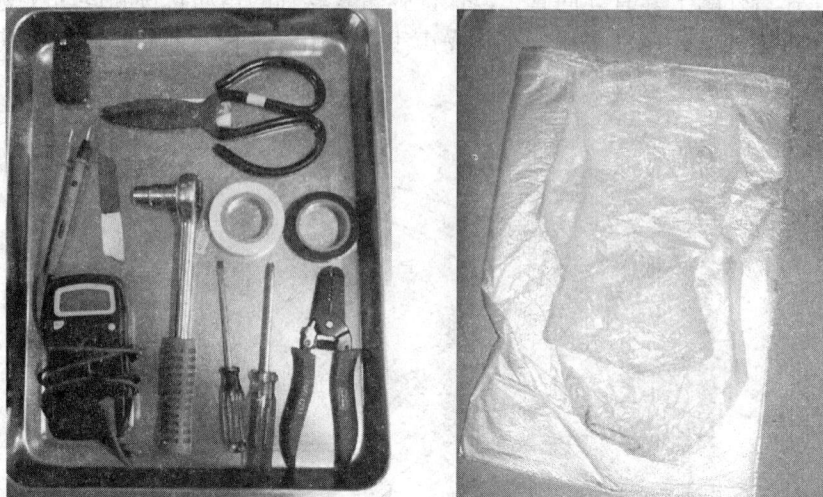

图 9-14　整理工具

2. 拆卸步骤

拆卸之前做好防护，关闭点火开关，断开蓄电池（见图 9-15～9-17）。

图 9-15　铺好防护四件套

图 9-16　断开蓄电池

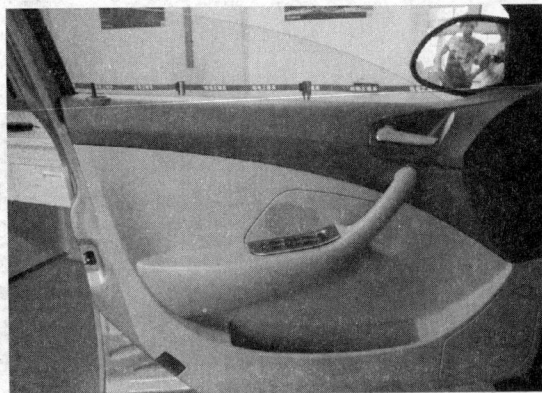

图 9-17 车窗完整图

用密封条拨片拆下密封条，拆下车窗上部饰盖（见图 9-18）。

图 9-18 拆下饰盖

用密封条拨片，拆下门窗控制开关、门把手及门灯，找到暗藏的 2 颗紧固螺栓及 5 颗紧
固螺丝（见图 9-19、图 9-20）。

图 9-19 拆下门把手

图 9-20　拆下门灯

用螺丝刀拆下 5 颗紧固螺丝（见图 9-21）。

图 9-21　拆下紧固螺丝

用 8 mm 套筒扳手拆下 2 颗紧固螺栓（见图 9-22）。

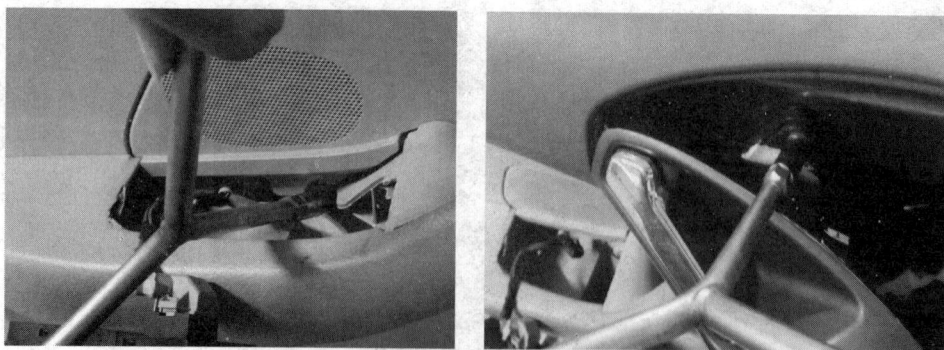

图 9-22　拆下紧固螺栓

这时可以轻轻将门板下部抬起（见图 9-23）。

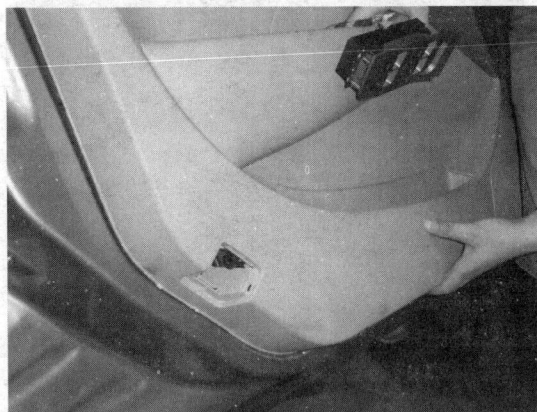

图 9-23 抬起门板下部

拆下内侧门把手，将其置于门板里（见图 9-24）。

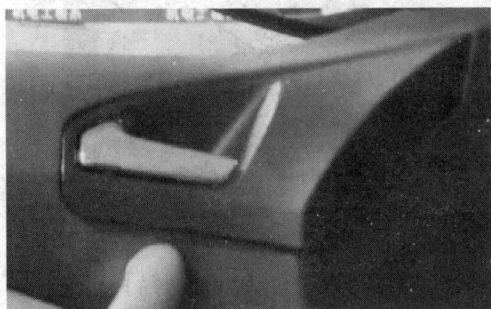

图 9-24 拆下内侧门把手

将车内自锁开关的锁柱按进门板里（见图 9-25）。

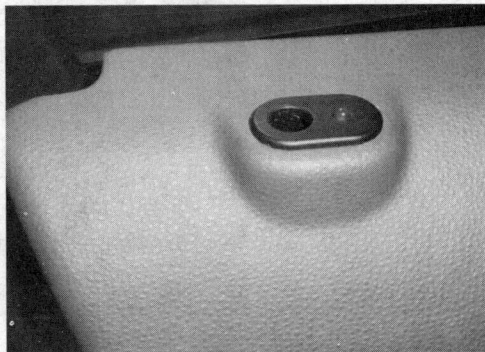

图 9-25 按下锁柱

断开其显示灯插接器，将线束置于门板里（见图 9-26）。

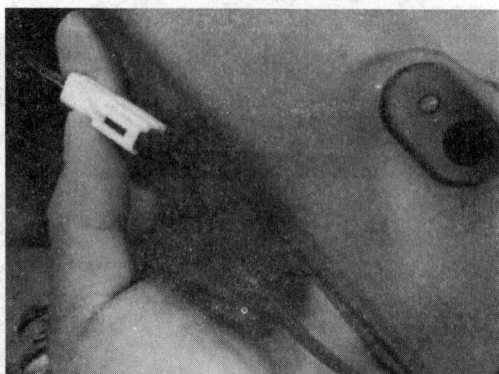

图 9-26 断开显示灯插接器

拆下控制开关，将其插接器置于门板里（见图 9-27）。

图 9-27 拆下控制开关

找到电机控制插接器，断开插接器，找到电机固定螺栓（3 个 10 mm 螺钉），找到升降器固定螺栓（上下各 1 个 10 mm 螺钉），找到玻璃固定卡槽的固定螺栓（如果没有看见，可以通电后移动玻璃位置找到 2 个十字螺钉）。依次按照顺序，用 10 mm 套筒扳手拆卸玻璃固定卡槽的固定螺栓，拆卸时一人协作双手携住玻璃防止滑落（见图 9-28、9-29）。

图 9-28 找到电机固定螺栓

拆卸玻璃卡槽固定螺栓时，需两人配合。拆卸车窗玻璃，稍微斜向上，慢慢抽出，放到零件台上（见图 9-30）。

图 9-29　找到升降器固定螺栓

图 9-30　拆卸玻璃卡槽固定螺栓

断开电机插接器，拆卸电机固定螺栓（见图 9-31）。

拆卸升降器固定螺栓（见图 9-32）。

图 9-31　拆卸电机固定螺栓

图 9-32　拆卸升降器固定螺栓

拆卸电机固定螺栓时，一人协作扶住电机，另一人拆卸玻璃升降器固定螺栓。待螺栓拆卸完毕后，将玻璃升降器轻轻放倒于车门里，从最大的车门空中取出即可（见图9-33）。

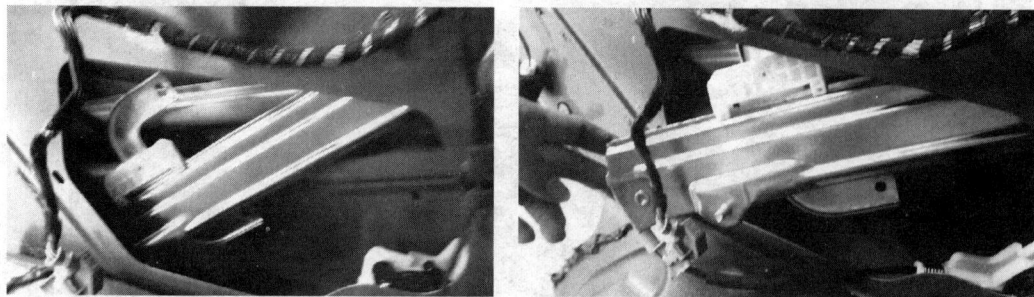

图 9-33　取出玻璃升降器

安装工艺与此相反。

注意：

（1）一定要调整好玻璃的位置再安装，以免影响其动作或破坏滑槽。

（2）螺母紧固顺序：玻璃卡槽固定螺母—升降器固定螺母—电机固定螺母。

（3）更换车门防水密封膜。

（4）装好后一定要进行测试验收，如果出现问题一定要找到根源，重新安装。

9.6　电动车窗系统电路图分析

电动车窗系统电路图见图9-34。

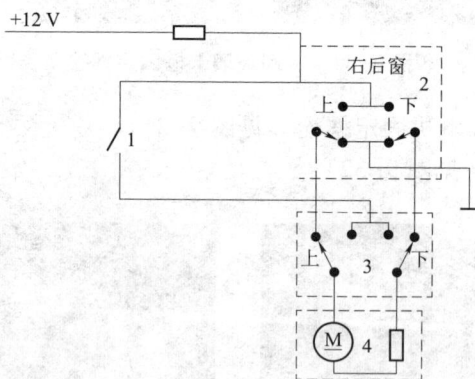

图 9-34　电动车窗系统电路图

1—锁止开关；2—驾驶侧主开关；3—乘客侧副开关；4—电机

　　下面以控制搭铁式电动车窗为例讲解其工作原理，如果通过驾驶侧主开关来控制玻璃升起，打开点火开关，电流到达2（驾驶侧主开关），其电流走向如图9-35所示。

　　如果通过乘客侧的副开关来控制，首先要保证锁止开关闭合（当后排乘坐小孩时，将其断开，则后排副开关不能工作，以保证孩子的安全），其电流走向如图9-36所示。

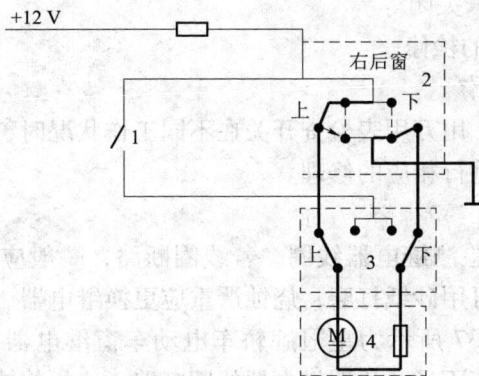

图 9-35 主开关控制电路图

1—锁止开关；2—驾驶侧主开关；3—乘客侧副开关；4—电机

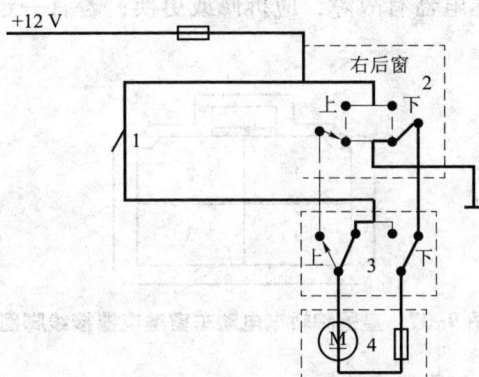

图 9-36 副开关控制电路图

1—锁止开关；2—驾驶侧主开关；3—乘客侧副开关；4—电机

9.7 电动车窗故障分析

1. 电动车窗玻璃升降器常见故障的诊断方法

1）某个车窗玻璃升降器只能向一个方向运动

诊断方法：先操纵相应的组合开关（或分开关），若车窗两个方向都能运动，则说明分开关（或组合开关）接触不良；若车窗仍只能向一个方向运动，则可能是分开关至组合开关之间的控制导线断路或车窗玻璃升降器有故障。

2）某个车窗玻璃升降器不能动作

诊断方法：先操纵相应的组合开关（或分开关），若车窗运动正常，则说明分开关（或相应的组合开关）损坏；若车窗仍不动作，可能是分开关上的电源线断脱、电动机的连线断脱、电动机有故障、升降器有故障等。

3）所有车窗玻璃升降器均不能运动

诊断方法：应先检查电源线和搭铁线，然后检查车窗继电器等。故障的原因可能为：组合开关搭铁线断脱，总电源线断脱，车窗继电器的触点接触不良、损坏或线圈断路，锁止开关（若装有）接触不良或未关闭等。

2. 电动车窗常见故障的检修

1）电动车窗开关的检修

根据电路的工作原理，用万用表检查开关在不同工作状况时，各接线脚之间的状态，从而判断是否有故障，然后进行相应的修理。

2）车窗继电器的检修

首先用万用表R×1挡检测继电器线圈。若线圈断路，一般应更换继电器，然后检查触点是否良好，若触点烧蚀可用砂纸打磨，烧蚀严重应更换继电器。下面以皇冠牌轿车为例说明具体检查方法。如图9-37所示为皇冠牌轿车电动车窗继电器接线脚图。将万用表拨至R×1挡，测量1与3脚，若不通，说明继电器线圈断路，应拆修或更换；测量1与4脚应不通，若通，说明触点烧结或其他原因造成短路，应拆开打磨或更换。将蓄电池的正负极分别与1脚和3脚接通，用万用表R×1挡检测2与3脚之间的电阻，若阻值为0，则说明继电器良好；若阻值为∞，说明继电器有故障，应拆修或更换；若有一定的阻值，则说明触点接触不良，应打磨触点。

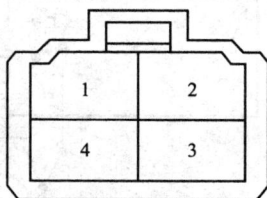

图9-37 皇冠牌轿车电动车窗继电器接线脚图

3）玻璃升降器工作时有异常声响

故障原因：安装时没有调整好，卷丝筒内钢丝绳跳槽，滑动支架内的传动钢丝夹转动，电动机盖板或固定架与玻璃碰擦。

排除方法：重新调整升降器的安装螺钉，重新调整卷丝筒内的钢丝绳位置，检查安装支架弧度是否正确。

4）电动机正常，升降器不工作

故障原因：钢丝绳断，滑动支架断或支架内的传动钢丝夹转动。

排除方法：更换钢丝绳，重新铆接钢丝夹。

5）玻璃升降器工作时发卡、阻力大

故障原因：导轨凹部有异物，导轨损坏或变形，电动机损坏，钢丝绳腐蚀、磨损。

排除方法：排除异物，修理或更换损坏的零部。

9.8 线路连接考核

（1）学习指导书上的相关内容。

（2）熟悉连接线路操作的相关元器件，完成工单对应内容。

（3）分小组进行练习。

（4）教师抽查考核。

项目 10　倒车雷达系统检修

实训目标：

(1) 认识倒车雷达系统，了解其操作方法。

(2) 学会拆卸倒车雷达系统的基本工艺。

(3) 学会倒车雷达系统电路图的分析。

(4) 能够进行简单的倒车雷达系统排故。

10.1　倒车雷达系统的组成

倒车雷达主要由超声波传感器、控制器和显示器或蜂鸣器等组成。

(1) 超声波传感器：主要功能是发出和接收超声波信号，然后将信号输入到主机里面，通过显示设备显示出来，见图 10-1。

图 10-1　超声波传感器图

(2) 控制器：对信号进行处理，计算出车体与障碍物之间的距离及方位，见图 10-2。

(3) 蜂鸣器：当传感器探知汽车距离障碍物的距离达到危险距离时，系统会通过蜂鸣器发出警报，提醒驾驶员，见图 10-3。

图 10-2　控制器图

驻车辅助系统控制单元

图 10-3　蜂鸣器图

10.2 倒车雷达系统工作原理

倒车雷达在倒车时,利用超声波原理,由装置在车尾保险杠上的探头发送超声波,撞击障碍物后反射此声波,计算出车体与障碍物间的实际距离,然后提示给驾驶员,使停车或倒车更容易、更安全,见图 10-4。

图 10-4 倒车雷达图

10.3 倒车雷达系统接线图

倒车雷达系统接线图见图 10-5。

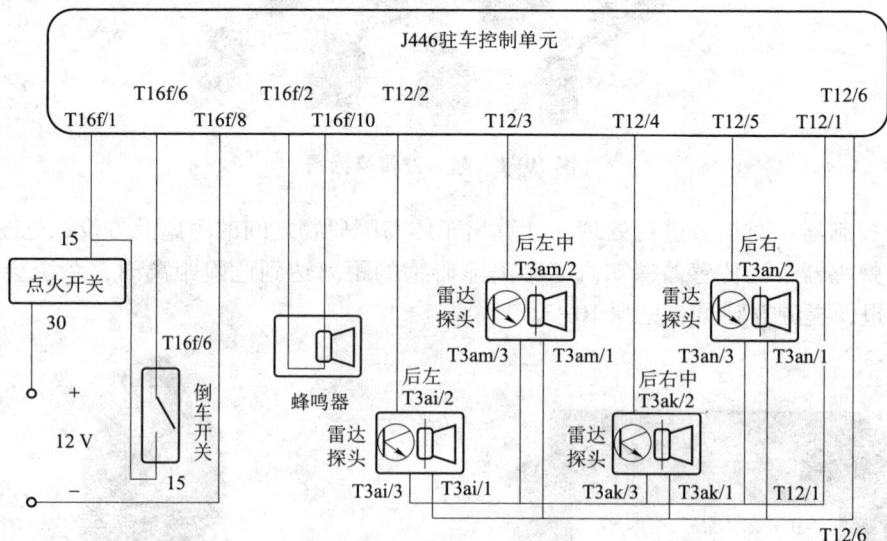

图 10-5 倒车雷达系统接线图

给驻车控制单元 J446 的 T16f/1 和 T16f/8 通电后,驻车控制单元开始工作,倒车信号通过 T16f/6 给到驻车控制单元,T12/1 和 T12/6 给 4 只雷达探头供电。当探测距离在接受范围以内时,驻车控制单元通过 T16f/2 和 T16f/10 控制蜂鸣器工作。

10.4　倒车雷达系统检修

1. 倒车雷达在倒车时不工作

故障现象：

倒车时倒车雷达显示器无显示，蜂鸣器无提示音发出。

故障原因：

① 汽车电瓶电压不足；

② 连接线束与控制器接触不良；

③ 连接线束与显示器接触不良；

④ 连接显示器到控制器的线束损坏；

⑤ 倒车雷达控制器损坏或倒车雷达显示器损坏。

故障诊断与排除：

① 检查 ACC 及倒车灯电压是否在 9～16 V 范围内，如小于此电压，应及时调整。

② 检查车身线束与控制器连接是否牢靠，如连接正常，用手触摸探头传感器时，会有轻微的振动感。如没有，应检查控制器线束的供电端口电压是否正常。

③ 检查车身线束与显示器连接是否牢靠，如连接正常时，在通电的瞬间显示器上的 LED 灯会全部点亮大概 1 s 的时间；如没有此现象，应检查显示器线束的供电端口电压是否正常。

④ 如果显示器通电时能正常工作，且倒车时控制器所接的探头传感器有振动，但显示器无法显示倒车数据，应检查显示器到控制器间的连线是否正确连通，可使用万用表进行断路及短路测试。

⑤ 如经过上述检查后，仍无法排除故障，即可判断为控制器或显示器损坏。可分别以好的部件进行替换，从而判断出正确的部件故障。诊断流程见图 10-6。

2. 倒车雷达误报

故障现象：

倒车时倒车雷达显示器始终显示固定的数字，不会随着障碍物的远近变化而改变。

故障原因：

① 探头安装有误；

② 探头连接线束损坏；

③ 探头或控制器损坏。

故障诊断与排除：

根据显示器的方向指示灯确定出相应的有故障的探头（左边指示灯亮时，代表左边两个探头探测到物体；右边指示灯亮时，代表右边两个探头探测到物体；当左右指示灯同时亮起时，则代表中间两个探头探测到物体）。检查探头是否安装歪斜，如存在此现象应及时调整。如果显示数据一直为 0.6 或是 0.7，则是探头方向装反，须将上下方向和左右方向进行对调。使用万用表检查相应的探头到控制器的连接线束，检查是否有短路或是断路的现象。

```
┌──────────────────┐
│   倒车雷达不工作    │
└────────┬─────────┘
         ↓
┌──────────────────────┐  异常  ┌──────────┐
│检查电瓶电压是否正常(9~16 V)├──────→│   调整    │
└────────┬─────────────┘        └──────────┘
         │正常
         ↓
┌──────────────────────┐ 异常(无 ┌──────────┐
│检查连接线束与控制器连接是否正 │ 电压)  │  更换连接线 │
│常,供电端口是否有电压         ├──────→└──────────┘
└────────┬─────────────┘
         │正常
         ↓
┌──────────────────────┐ 异常(无 ┌──────────┐
│检查连接线束与显示器连接是否正 │ 电压)  │  更换连接线 │
│常,供电端口是否有电压         ├──────→└──────────┘
└────────┬─────────────┘
         │正常
         ↓
┌──────────────────────┐ 短路  ┌──────────┐
│检查显示器到控制器间的连线    │ 断路  │  更换连接线 │
│是否正常                    ├──────→└──────────┘
└────────┬─────────────┘
         │正常
         ↓
┌──────────────────────┐ 控制器 ┌──────────┐
│使用好的部件,分别替换        │ 损坏  │  更换控制器 │
│显示器及控制器               ├──────→└──────────┘
└────────┬─────────────┘
         │显示器损坏
         ↓
┌──────────────────┐
│     更换显示器      │
└──────────────────┘
```

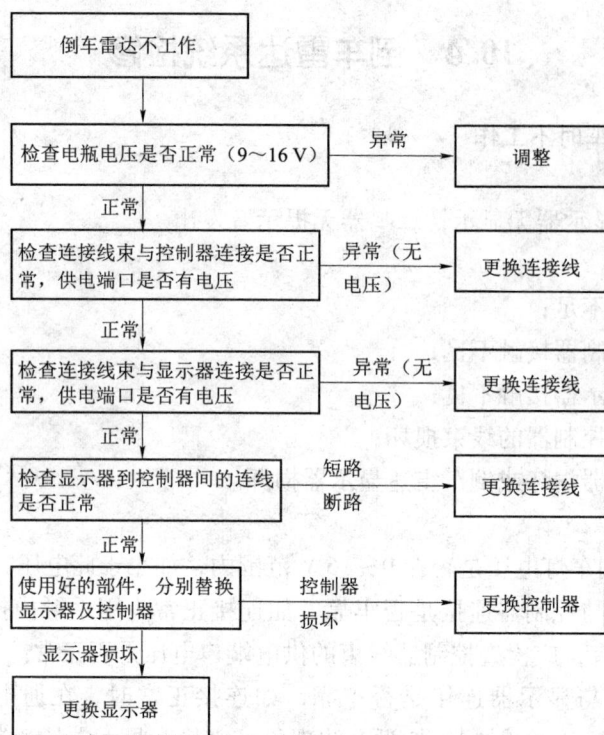

图 10-6　倒车雷达不工作诊断流程图

如经过上述检查后,仍无法排除故障,即可判断为控制器或探头本身损坏。可以用好的探头代替相应的存在问题的探头,如还存在同样问题则可判断为控制器损坏。诊断流程见图 10-7。

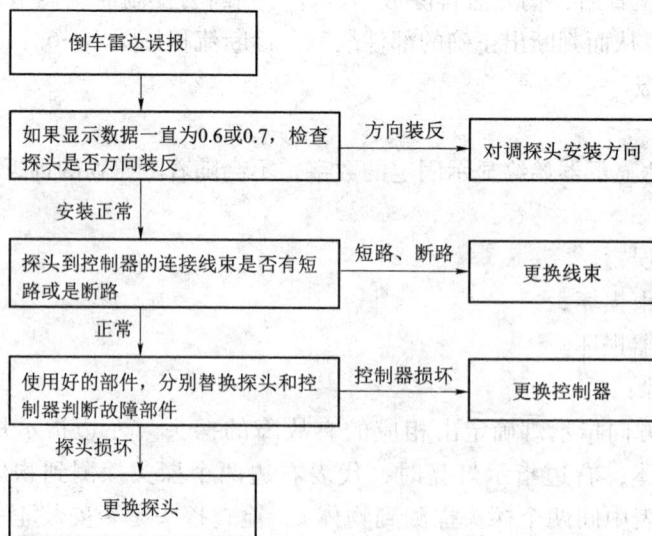

```
┌──────────────────┐
│    倒车雷达误报     │
└────────┬─────────┘
         ↓
┌──────────────────────┐ 方向装反 ┌──────────────┐
│如果显示数据一直为0.6或0.7,检查│       │对调探头安装方向  │
│探头是否方向装反              ├──────→└──────────────┘
└────────┬─────────────┘
         │安装正常
         ↓
┌──────────────────────┐ 短路、断路 ┌──────────┐
│探头到控制器的连接线束是否有短 │        │  更换线束   │
│路或是断路                  ├───────→└──────────┘
└────────┬─────────────┘
         │正常
         ↓
┌──────────────────────┐ 控制器损坏 ┌──────────┐
│使用好的部件,分别替换探头和控 │        │  更换控制器 │
│制器判断故障部件             ├───────→└──────────┘
└────────┬─────────────┘
         │探头损坏
         ↓
┌──────────────────┐
│     更换探头       │
└──────────────────┘
```

图 10-7　倒车雷达误报诊断流程图

10.5 线路连接考核

(1) 学习指导书上的相关内容。

(2) 熟悉连接线路操作的相关元器件，完成工单对应内容。

(3) 分小组进行练习。

(4) 教师抽查考核。

项目 11　电动后视镜系统检修

实训目标：

（1）认识电动后视镜系统，了解其操作方法。

（2）学会拆卸电动后视镜系统的基本工艺。

（3）学会电动后视镜系统电路图的分析。

（4）能够进行简单的电动后视镜排故。

11.1　电动后视镜的组成

电动后视镜主要由永磁式电动机、传动机构和控制开关等组成。每个后视镜都有两套驱动装置，由电动后视镜开关进行操纵，其中一个电动机和传动机构用于后视镜水平方向的转动，另一个电动机和传动机构则用于后视镜垂直方向的转动。

电动后视镜的结构和控制开关示意如图 11-1 所示，它主要以枢轴为中心，由使电动后视镜能上下、左右方向灵活变换位置的两个独立的驱动电机、永久磁铁和霍尔集成电路等构成。根据霍尔集成电路产生的信号电压，可对后视镜的所在位置进行检测。

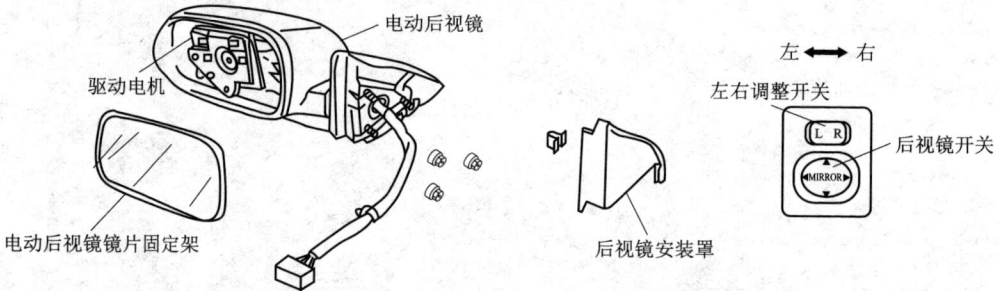

图 11-1　电动后视镜的结构和控制开关示意图

有的汽车的电动后视镜还带有可伸缩功能，由后视镜伸缩开关控制电动机工作，驱动伸缩传动装置带动后视镜收回和伸出。有的汽车的后视镜控制电路具有存储功能，它由驱动位置存储器、回复开关和位置传感器等组成。上述操作功能的数据可自动存储在存储器中，如果需要，可直接将存储器中存储的数据调出使用。

11.2　电动后视镜的工作原理

如图 11-2 所示，为电动后视镜控制系统的基本原理。当控制开关向下扳时，触头 B 与触头 D、C 及 E 分别相通，电流经电源—触头 E—触头 C—电动机—触头 B—触头 D—接地，电动机转动使后视镜做垂直方向运动；当开关向上扳时，触头 B 与 E、C 与 D 分别接触，电流经电源—触头 E—触头 B—电动机—触头 C—触头 D—接地，由于流过电动机的电流发生改变，因此电动机反方向转动，后视镜作水平方向运动。

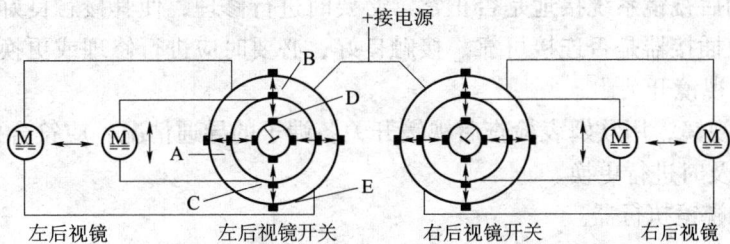

图 11-2 电动后视镜控制系统的基本原理图

下面以大众捷达轿车的电动后视镜电路为例，说明电动后视镜控制电路的工作原理，见图 11-3。

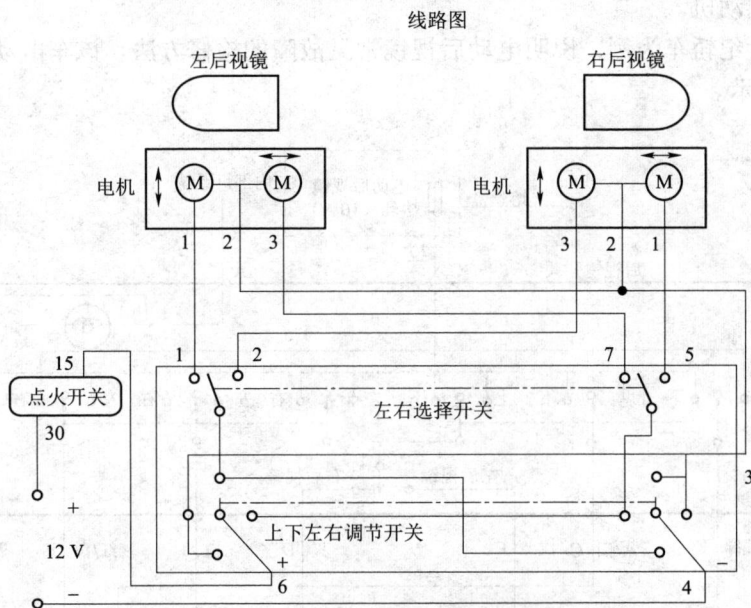

图 11-3 电动后视镜控制系统的电路原理图

以左后视镜的上调为例来讲解。将左右选择开关打到左，开关 1 和 7 接脚接通。上下调节开关上接通。电流由蓄电池正极—点火开关—上下左右调节开关的 6 号脚—左右选择开关的 1 号脚—左侧调节电机 1 号脚—左侧调节电机 2 号脚—上下左右调节开关的 3 号脚—上下左右调节开关的 4 号脚—蓄电池负极。

11.3 电动后视镜主要部件的检修

由于不同车型的电动后视镜组件结构不相同，所以在检修时应该针对不同的车型，确定相应的检修方法。在对电动后视镜系统进行检修之前，应进行下述检查，并确保其工作正常。

① 检查蓄电池存电是否充足，必要时应予以更换。

② 检查电动后视镜系统的各熔丝是否正常，如果熔丝熔断，应予以更换。

③ 检查电动后视镜系统接地是否正常，必要时进行修理，使其接触良好。

④ 检查线束插接器是否连接可靠、接触良好，必要时应进行修理或更换。

（1）电动后视镜开关。

拆下电动后视镜，用欧姆表检查后视镜开关各端子的导通情况，应符合要求。如果开关出了故障，应该及时进行更换。

（2）电动后视镜执行器。

拆下车门内板，断开电动后视镜插接器，用跨接线连接指定端子，观察后视镜是否正常活动。如后视镜工作状况与检测表不符，应更换后视镜组件。

（3）电动后视镜电动机。

可直接给电动机的两端子通电（12 V 蓄电池电压），若电动机不运转，说明电动机损坏，则应更换电动机。

现以别克世纪轿车为例，说明电动后视镜常见故障的检修方法。该车电动后视镜控制电路如图 11-4 所示。

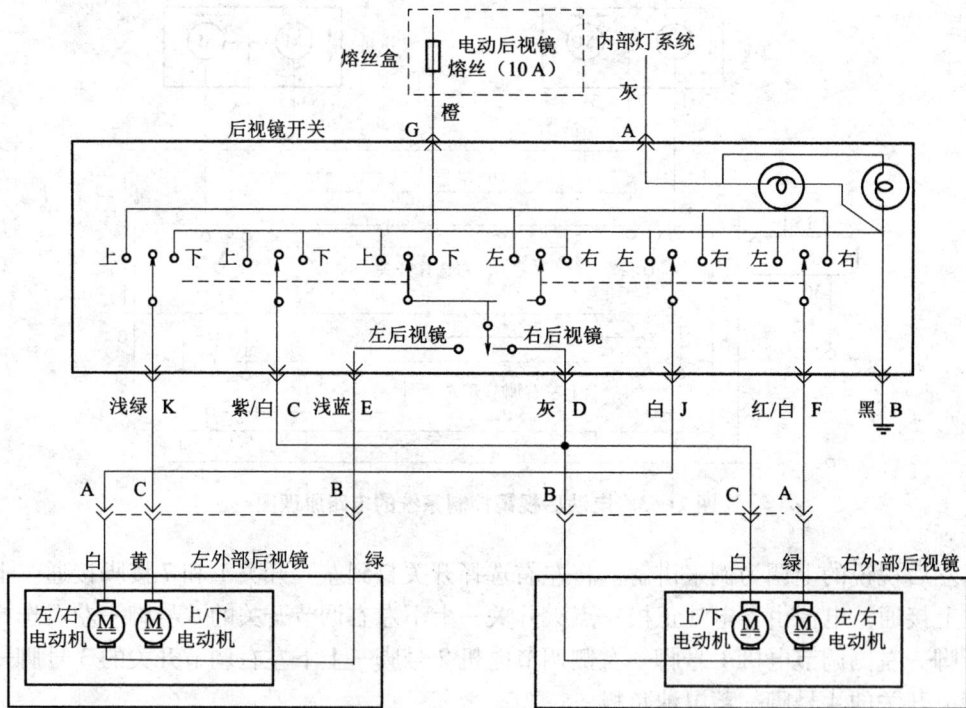

图 11-4　别克世纪轿车电动后视镜控制电路图

1）左、右两个后视镜均不工作

（1）在线束侧用试灯接在电动后视镜开关插接器的橙色线端子 G 与车身接地之间，若试灯不亮，说明电动后视镜开关插接器端子 G 与熔丝盒之间的橙色线断路，应检查并排除断路故障。

（2）在线束侧用试灯接在电动后视镜开关插接器的橙色线端子 G 与黑色线端子 B 之间，若试灯不亮，说明电动后视镜开关插接器端子 B 与车身接地之间的黑色线断路，应检查并排除断路故障。

（3）如果上述两种检测试灯都亮，则应检查电动后视镜开关配线连接是否正常。如果电动后视镜开关配线连接都正常，则故障在电动后视镜开关上，应更换该开关。

2）一个后视镜在上、下位置不工作

（1）左后视镜上、下位置不工作，则断开左后视镜线束插接器，在线束侧将试灯接在左后视镜插接器浅绿色线端子 K（C）与车身接地之间。选择左后视镜，并将电动后视镜开关置于向上的位置。如果试灯不亮，应检查电动后视镜开关与左后视镜之间的浅绿色线是否断路。若电路连接正常，说明电动后视镜开关有故障。如果试灯点亮，则故障在电动后视镜电动机上，应更换新的后视镜电动机。

（2）右后视镜上、下位置不工作，则断开右后视镜线束插接器，在线束侧将试灯接在右后视镜插接器紫/白色线端子 C（C）与车身接地之间。选择右后视镜，并将电动后视镜开关置于向上的位置。如果试灯不亮，说明电动后视镜开关与右后视镜之间的紫/白色线断路，或是电动后视镜开关有故障。如果试灯点亮，则说明电动后视镜电动机有故障，应更换新的后视镜电动机。

3）一个后视镜在左、右位置不工作

（1）左后视镜左、右位置不工作，则断开左后视镜线束插接器，在线束侧将试灯接在左后视镜插接器白色线端子 J（A）与车身接地之间。选择左后视镜，并将电动后视镜开关置于向左的位置。如果试灯不亮，应检查电动后视镜开关与左后视镜之间的白色线是否断路。若电路连接正常，说明电动后视镜开关有故障。如果试灯点亮，则故障在电动后视镜电动机上，应更换新的后视镜电动机。

（2）右后视镜左、右位置不工作，则断开右后视镜线束插接器，在线束侧将试灯接在右后视镜插接器红/白色线端子 F（A）与车身接地之间。选择右后视镜，并将电动后视镜开关置于向右的位置。如果试灯不亮，说明电动后视镜开关与右后视镜之间的红/白色线断路，或是电动后视镜开关有故障。若试灯点亮，说明电动后视镜电动机有故障，应更换新的后视镜电动机。

4）一个后视镜不工作

（1）左后视镜不工作，则断开左后视镜线束插接器，在线束侧将试灯接在左后视镜插接器浅蓝色线端子 E（B）与车身接地之间。选择左后视镜，并将电动后视镜开关置于向左的位置。如果试灯不亮，说明电动后视镜开关与左后视镜之间的浅蓝色线断路，或是电动后视镜开关有故障。若试灯点亮，则故障在左后视镜电动机上，应更换新的左后视镜电动机。

（2）右后视镜不工作，则断开右后视镜线束插接器，在线束侧将试灯接在右后视镜插接器灰色线端子 D（B）与车身接地之间。选择右后视镜，并将电动后视镜开关置于向右的位置。如果试灯不亮，说明电动后视镜开关与右后视镜之间的灰色线断路，或是电动后视镜开关有故障。若试灯点亮，则故障在右后视镜电动机上，应更换新的右后视镜电动机。

11.4   线路连接考核

（1）学习指导书上的相关内容。

（2）熟悉连接线路操作的相关元器件，完成工单对应内容。

（3）分小组进行练习。

（4）教师抽查考核。

项目 12 车载 DVD 音响系统检修

实训目标：

(1) 认识车载 DVD 音响系统，了解其操作方法。

(2) 学会拆卸车载 DVD 音响系统的基本工艺。

(3) 学会车载 DVD 音响系统电路图的分析。

(4) 能够进行简单的车载 DVD 音响系统排故。

12.1 车载音响系统的构成

主机：汽车音源。主机包括只有广播接收功能的 RADIO 主机、RADIO 加 MP3 主机、CD 主机、MP3 加 CD 碟盒、CD 加导航主机和 CD/DVD/车载 MP5 主机，以及 DVD 主机等，见图 12-1。

图 12-1 DVD 主机

扬声器：车载音响发声单元，将电能变成声波，包括高音、中音、低音和超低音喇叭，见图 12-2。

图 12-2 扬声器

功放：功率放大器，俗称"扩音机"，是音响系统中最基本的设备。它的功能是把来自信号源（专业音响系统中则是来自调音台）的微弱电信号进行放大以驱动扬声器发出声音，见图 12-3。

图 12-3 功放

著名品牌：作为高端汽车品牌，汽车企业一般都会选择几家知名的供应商来定制音响系统，比如美国的 Bose、Harman，德国的 Siemens VDO，丹麦的 Dynaudio 等。

12.2 车载音响系统电路

车载 DVD 音响系统电路见图 12-4。

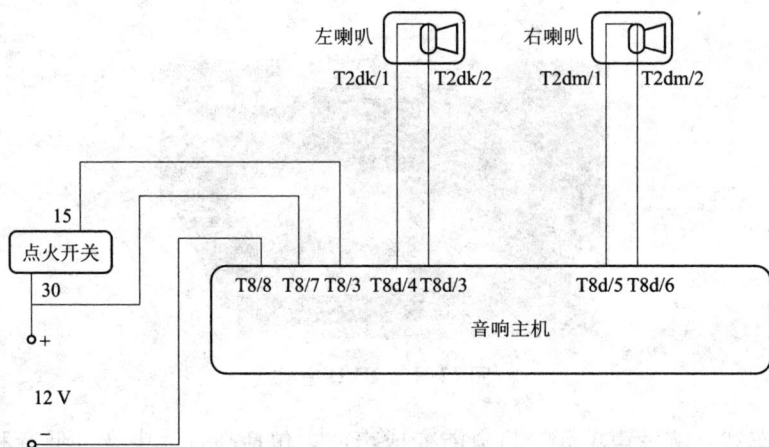

图 12-4 车载 DVD 音响系统电路图

DVD 主机的 T8/7 和 T8/3 为供电线路，T8/8 为负极。T2dk/1 和 T2dk/2 连接左喇叭，T2dm/1 和 T2dm/2 连接右喇叭。

12.3 故障案例分析

故障现象：一辆本田雅阁汽车已运行 28 万 km，某天打开音响发现无反应，用随车附带的音响防盗码解开，将 CD 片插入后显示屏上出现 "CDpeo" 字样，2 s 后自动退片。

故障诊断与排除：本田车系多半在音响中设置防盗码，在其音响的液晶板上有 "anti theft"（防盗）字样。液晶板下方附近还有一个红色指示灯不停地闪烁，提示该音响有防盗码。音响防盗码一般由 5 位数字组成，正确地输入 5 个数字后，听到 "哗" 的声响，就可以使用音响了。某天由于在检修电气故障时，无意中将音响保险丝给拆除了，待电气故障维修完毕后，新的电气故障又出现了，即音响由于断电而出现自锁。出现自锁以后必须输入该音响的防盗密码（随车都有音响防盗密码卡片），新款本田雅阁由 4 位 1~6 的自然数组成。将防盗卡片上的密码 1342 顺序输入，听到"哔"的一声响后，将音响打开，再把 CD 片放入盘中，CD 片进去以后显示屏上出现"CDpeo"字样，2 s 后自动退片。从资料中查到，该故障现象是激光头没有读到 CD 片，原来以为将 CD 片装反了，退出后仔细一看没有装反。

还有一种可能的故障原因是 CD 机激光头表面太脏，此时可将音响解体，但千万不要拔掉电源插头（以免因断电引起自锁的麻烦）。打开 CD 机上盖，用丝绸将激光头擦拭干净，再用"皮老虎"吹一吹，使之干净彻底。擦拭时要沿同一方向擦拭，这样效果最佳，千万不要用带有油质的东西去擦激光头，那样会损坏激光头。擦净后，装复进行试验，音响一切正常，故障排除。

12.4 线路连接考核

（1）学习指导书上的相关内容。
（2）熟悉连接线路操作的相关元器件，完成工单对应内容。
（3）分小组进行练习。
（4）教师抽查考核。

参 考 文 献

［1］谭善茂，黎亚洲．汽车电气设备检修一体化项目教程．上海：上海交通大学出版社，2012.
［2］石锦芸，汽车电器设备原理与检修．杭州：浙江大学出版社，2006.